生還者《サバイバー》たちの声を聴いて

テレジン、
アウシュヴィッツを
伝えた30年

野村路子
Michiko Nomura

第三文明社

まえがき

どうしてこんなことになってしまったのだろう、毎日同じようなことを思い、しゃべっている。二〇二〇年四月。外出自粛《じしゅく》、映画館も劇場も美術館も閉鎖、人と集まって話すのも、食事をするのも禁止。外出時はマスクをしろと言われるけれど、そのマスクは行列をしても買えない……。戦争前夜みたいと言っているうちに事態はますます深刻になり、昼の商店街からも、夜の繁華街からも人が消えた。まさに戦時下のような風景だ。

昨年六月、ＮＨＫ教育テレビの「こころの時代」が、わたしがテレジン収容所の子どもたちの絵に心を動かされて生きてきた三十年の軌跡を『テレジンの絵は語り続ける』という一時間番組にして放映してくださった。

その話があった三月には、二十人ほどの仲間を伴ってテレジン、アウシュヴィッツと二つの収容所を訪ねる旅をした。七月には、埼玉・川越市で『テレジン収容所の幼い画家たち展』を開催した。多くの見学者――遠く九州や北海道からも――が来てくださった。

そして、今年一月、テレビ番組に感動し、いつも買い物に来る市民に見せたいと思ったというショッピング・センターのMさんが神戸市で展覧会を開いてくださった。

学校では「いじめ」によって傷つき死を選ぶ子どもがいて、家庭では親からの虐待《ぎゃくたい》で幼い命を奪われる子どもがいる……。世界を見れば、偏見や人種差別がもたらす事件が起き、確かな理由のない憎しみが暴力を生む、何か不安定な時代……こんなときだから、あの子どもたちの遺《のこ》したメッセージを伝えなければならないと思ったと、Mさんは熱く語っていた。その日はまだ普通の日常生活だった。

それから四か月。今、子どもたちは学校へ行けない、公園で遊ぶことも、友だちと集まることも禁止という毎日が続いているのだ。

遊びに行けない子どものために、部屋の中に小さなテントを立てて、「泣きたかったり、怒りたかったりしたら、そのテントに入りなさい。この中は、人が優しくなれるところです」と教えている親のことをテレビで見た。運動不足で食欲の落ちた子どものために、好きな動物の形をしたクッキーを焼いている母親もいた。折り紙や塗り絵や工作の道具が売れているという……そんな大人たちの中には「小学生のころにテレジンの本を読んでいたから」とか「今、子どもと絵を描きながら、あの『テレジン収容所の幼い画家たち展』で知ったフリードル先生のことを考えています」という手紙やメールをくれた人もいた。素晴らしい大人が、子どもたちの笑顔のために頑張る大人がいる——わたしが語り続けてきたテレジンの子どもたち、彼らの笑顔のために命がけで立ち上がった人たちのことを、こんなときに思い出してくれている人がいるのだと思うと嬉《うれ》しくなった。わたしの三十年は無駄ではなかったのだ……。

わたしが、初めてテレジンの子どもたちの絵に出会ったのは、一九八九年二月、アウシュヴィッツを訪ねた後に立ち寄ったチェコ（当時はチェコスロバキア）、プラハの小さな博物館でだった。

テレジン収容所の存在さえ知らなかったわたしは、ただただ、その子どもたちの絵に心動かされたのだった。ごみ箱から拾い集めた紙、指先でやっとつまめる小さくなったクレヨン……北風の吹き込む部屋の冷たいコンクリートの床に座って、それでも、フリードル・ディッカー先生の「明日はきっと良い日が来る」という言葉に希望を託して、楽しかった我が家や遊園地を描いた子どもたち。

首を吊《つ》られた父親の姿を描きながら、その胸に、ユダヤ人の印としてつけることを命じられた《ダビデの星》を鉛筆で何回も何回も描いた子。貼り絵で女の子を描くのに、自分の髪の毛を抜いて貼りつけた子。彼らに「いい明日」は来なかったが、それでも、自分たち子どものために命がけで立ち上がってくれた大人の存在を信じることができたから、あのとき、あの子たちは幸せだったに違いない。

この子どもたちの絵のことも、日本での展覧会のことも、生き残ったディタ・クラウスやヘルガ・ホシュコヴァー、イェフダ・バコン、ラーヤ・ザドニコヴァー、ビリー・グロアーなどのこともすでに『子どもたちのアウシュヴィッツ』(第三文明社)、『テレジンの小さな画家たち』（偕成社）、『テレジン収容所の小さな画家たち詩人たち』（電子書籍キンドル／22世紀アート）などに書いてきたが、今、この新型コロナウイルスという目に見えないものに怯《おび》えて暮らすときに、もう一度伝えなければならないような焦《あせ》りに襲われた。今、書いておかなければ……。

この数年、毎年のように二十人近い人を連れて、テレジン、アウシュヴィッツ、ときにはトレブリンカなどの収容所、ワルシャワやクラクフのゲットー跡地を訪ねる旅をし、参加者全員が感想や記録を書いて記念冊子を出すようになった。

そこに、わたしは《遺書》を書いた。高齢になり、以前患《わずら》った病気の後遺症もあり、収容所の敷地を歩けば息が切れる。階段や坂道ののぼりは、途中で休まねばならない。いつ、何があってもおかしくない、その覚悟はできているが、わたしがいなくなったら、二十九年間続けてきた『テレジン収容所の幼い画家たち展』はどうなってしまうのか。あの生き残った人たちが語ってくれた言葉は、あのときのわたしの思いは、どうなってしまうのか……「書いておかなければ」という思いで書いた《遺書》だったが、二回目の遺書になり、三回目の遺書になり、親しい友人たちからは「オオカミ少年」とからかわれるようになった。

この本も、どうしても書いておきたい——そんな思いから書き始めたのに、展覧会があり、テレビ番組があり、その反響もあって講演会が続き、さらに、旅に参加してくれた人たちの要望で今年二月にイスラエルへの旅の企画もあって、思いがけず忙しくなり、今、新型コロナウイルス蔓延《まんえん》による外出自粛で、ようやく本気で向かい合えるようになった。

イスラエルへの旅は、渡航禁止で中止になってしまったが、会う約束だった、テレジンの生還者《サバイバー》たちがつくった博物館《Beit Theresienstad》(テレジンの家）のタミ館長、一九九〇年当時の館長だった故アリサ・シラーの娘のルーシー、そして、もう二十九年も親しくしているディタとは、再会の機会を願いながらメールのやりとりを続けている。

アメリカ、ニューメキシコ大学のリニー・ウィックス教授は、昨年の川越展開催時、彼女の教え子で筑波大学で講義をしているシェリル・オオクボとともに見学に来てくださった。テレジンの子どもたちが、あんなに素晴らしい絵を遺すことができたのは、フリードル・ディッカーの美術の才能、教育法だけでなく、アートセラピストとしての力があった故《ゆえ》だというリニーの論点は興味深く、わたしはその後、大阪、奈良で彼女が行ったワークショップへも参加した。

実は、わたし自身、九一年に初めて展覧会を開催したときから、アートセラピーには関心があった。「楽しかった日のことを思い出して絵を描こう」と教え、ときには、手を打って明るいリズムをとり、「さあ、この楽しさを絵にしましょう」と言ったというフリードルのことを、ディタもラーヤも、そして彼女の絵の教室には行かなかったヘルガも語っていたからだった（それを学ぼうとして、九二年にはオックスフォード大学での夏期講座を受講までしたのだが、力及ばず……だった苦い記憶もある）。

そんなさまざまなことが重なり、わたしの「書いておかねば」という思いは強くなるばかりの数年だったのだ。

あのころ子どもだった生還者《サバイバー》たちも高齢になった。ディタ、ヘルガ、ラーヤ、イェフダはみな同い年、わたしより八歳ほど年上だ。最近のヘルガからのメールによれば、「家まで来てくれれば会えるが、外出は難しい」という。展覧会初開催時の九一年、折角《せっかく》の日本招待の直前に「心臓発作を起こした」と来られなくなったラーヤは、今は施設に入院中だという。

「わたしは手が大きいから、農作業中にトマトを盗むことができたのよ。だから、生き残ることができた」と話してくれたラーヤには、もっといろいろ聞きたかった。

テレジンの街が、そこに住む人すべてを強制移住させて収容所になったのは一九四一年、それから解放の四五年五月まで、彼らがそこにいた期間は、長い人でも四年足らずだが、本当なら人生で最も楽しいことがあるはずの、キラキラ輝くような時期だった。


「わたしがあそこを離れたのは、一九四三年。それ以来、一度も訪ねたことはないわ」

一九九〇年、初めて会ったとき、ディタは言った。あのころまで、ディタが暮らすイスラエルから社会主義国のチェコスロバキアへの渡航は容易には許されていなかった。わたしが、「この後プラハへ行く」と言ったとき、彼女が「プラハへ行くの?」と尋ねた口調には真剣な羨望《せんぼう》があったのを覚えている。

だが、事情は変わった。その数か月後にチェコスロバキアは改革によって国の体制が社会主義から資本主義へと変わった。翌九一年には、テレジン収容所ができて五十周年の記念式典が開催され、彼女も招待された。

「あのころ、わたしたちを汚い動物のように扱った場所に、わたしたちは英雄のように迎えられました。本当に不思議な気分でした」と、当時の彼女からの手紙にある。

その後、毎年、式典が行われ、彼女たち生還者《サバイバー》は集まるのが習慣になった。

テレジン収容所にいた子どもは一万五千人、生き残ったのはわずか百人、わたしが、展覧会の企画を進めていた当時、消息の分かるのはたった二十三人だった。あれから三十年が過ぎて、今、何人の人が過去を語れるのだろう。

ディタは、わたしに初めてテレジンの当時を語ってくれた「子ども」だった。

「ミチコが知っているハングリーやコールドという言葉では表現できない」と飢《う》えを語り、寒さを語って、「でも、楽しい思い出もあるのよ」とフリードルの絵の教室の話をしてくれた。

「でも、アウシュヴィッツの話はしたくない」と彼女は強い口調で言った。わたしの著書に載っていたビルケナウの女性用トイレの写真には「オー、ノー！」と言ってページを閉じた。「これを見るのは嫌《いや》。ミチコは平気で見たの？」

わたしだって、見たくて見たわけじゃない、見なければいけないと思って見たのに……、あなたは、あそこで暮らした人じゃないから、あそこのつらさを体験した人じゃないから平気で見られるのね、そう言われたような気分だった。

興味本位で聞きたいのではありませんと、わたしは、最初に断っていた。それでも、やっぱりわたしは……。悲しかった。つらかった。

だから、わたしはディタにアウシュヴィッツの体験を尋ねなかった。

「写真を撮りなさい」と言いながら、数字の入れ墨が残る腕を出してくれたのに、その写真の彼女には笑顔がなかった、あのときの記憶が今もずっとわたしの中にある。事実を聞かねばと思いながらも、わたしはやっぱり彼女のあの暗い表情は見たくない——「証言を聞くにも優しさを忘れたくない」、そんな思いを生涯貫いてきた意気地なしのノンフィクション作家がいたっていいのではないか、それが、わたしの《遺言》でもある。

二〇二〇年五月

野村路子

目　次

装丁・本文デザイン／阿部照子（テルズオフィス）
地図作成／株式会社クリエイティブメッセンジャー

■印は主な収容所。テレジンは中央にあり、アウシュヴィッツに近い収容所だったことが分かる（国境線は 1933 年当時のもの。Martin Gilbert, *Atlas of the Holocaust,* William Morrow And Company, Inc. 等を参考に作成）

第一章

ディタとの出会い
彼女と歩いた
テレジン

1「今も列車に乗りたくない」

列車の走る音に加えて、窓ガラスをうつ雨の音がする。

「二〇一七年十一月二日」と書いた次の行に、「疲れた。わたしも齢《とし》をとった」と書いて、ボールペンで線を引いて消し、また同じ言葉を書いては消して、結局何も書かないままのノートを閉じて、わたしは時計を見た。

十一時四十五分、もうすぐ三日に日が変わる。昼過ぎから本格的に降り始めた冷たい雨は、二時間ほど前、クラクフ駅でこの夜行列車に乗り込んだときにはやんでいたのに、また降り始めたようだ。

「おやすみなさい、でも、どうせ眠れないのよね」などと挨拶《あいさつ》した同室の友人たちは眠ってしまったのか、上段からはかすかな寝息が聞こえていた。

コンパートメントの中は薄暗く、ベッドの足元に置いたはずの靴が見当たらないが、幸い、厚手のソックスを履《は》いたままだ。わたしは、ベッドから下り、ごわごわした布のカーテンを少しだけ開け、簡単な針金を引っかけるだけの鍵を開けて通路に出た。雨の音が大きくなった。通路側の、あまりきれいに拭《ふ》かれていない窓ガラスに、うちつける雨が線を描いていた。

どこかの部屋からは、かなり大きないびきも聞こえる。

二人用の一等コンパートメントが満室で、この車両は、二段ベッドが二つ向かい合った四人用のクシェットと呼ばれる部屋が並んでいる。ポーランドからチェコを抜け、オーストリアまで行く国際列車。日本の新幹線や、最近はやりの高級寝台車などに比べれば、車体の外側も決して豪華なものではないし、車内の設備も機能が揃っているだけの殺風景《さっぷうけい》なもの、揺れや軋《きし》み音が大きく、乗り心地は決して良いとは言えない。

二十二人の旅の仲間は、どんな思いで寝ているのか、少し気にはなる。飛行機を使えば一時間半ほどで行ける距離。それを、この寝台夜行列車を使って行こうというのは、わたしの個人的な思い、いわば、身勝手なわがままなのだ。それでも、過去三回の旅で、誰からも不満や不平は聞かなかった。分かってくれているのだろう……ポーランドに到着してから四日目、すでに、トレブリンカ収容所跡を訪ね、ワルシャワ・ゲットーの周辺を回り、コルチャック先生を語り、まったく何の勝ち目も考えられないのに蜂起《ほうき》した――せざるを得なかったユダヤ人たちがいたという事実をしつこく語ってきた。

そして、今日の昼間は、アウシュヴィッツ・ビルケナウを訪ね、ガス室や焼却炉を見、そこで殺された人々の遺《のこ》した品物の多さに、そこで行われていた大量虐殺《ぎゃくさつ》の実態を、実感として受け止めてくれたはずの人たちなのだ。それぞれに、何かを知りたくて、見なければならないと思って、参加してくれた、いわば仲間たちなのだから、この列車の揺れからも、何か感じてくれているだろう。

多少、乗り心地が悪いとはいえ、それでも、シーツも枕カバーも清潔で、ちゃんとアイロンがかかっているし、快適な温度も保たれている列車だ。乗り込んですぐには、車掌室でプラハの美味《おい》しいビールを売っていたし、クラクフの旧市街でチョコレートやウオッカを買い込んだ人もいる。

そう、列車の中にいるわたしたちは、寒くもないし、空腹でもない……外は冷たい雨が降っていても。

「列車は嫌《いや》です。今でも、列車に乗って揺れが体に伝わってくると耐えられなくなるのです。思い出すのではない、何か体が反応してしまうのですよ。

真っ暗でした。何も見えない……ええ、窓はなかった、ただの四角い箱のような貨物列車ですから。

窓があっても、きっと外は真っ暗だったでしょうけど、せめて、月か星の光でもあったら、少しは安心した気持ちになれたかもしれませんね。でも、何も見えない、本当に真っ暗闇でした。体をくっつけ合って座っているはずの母親の顔も見えない、がたがた揺れる列車……」

そう語ってくれたのはイェフダ・バコンだった。

「あのときの貨物列車、あの暗闇の中を走っていた列車……違うのは分かっているのですよ。柔らかいビロードのシートに座ったこともあります。大きく開けた車窓から、美しい海を見たこともあります。今の列車が快適なことは知っているのですよ。

でも、駄目なのです。列車の揺れを感じると、あの寒さ、胃がひきつるように痛かった空腹、そして、耐えられないほどの悪臭、ひっきりなしに聞こえていた誰かのうめき声……それが体に染みついているみたいに、よみがえってしまうのです。だから……今も……列車には乗りたくない……」

エルサレムの夜だった。丘の中腹にあるイェフダ・バコンの家のリビングルームで、わたしは、彼の話を聞いた。

「あの寒さと悪臭……」彼は、七十三年前に乗った、いや、乗せられた貨物列車のことを語っていた。十四歳の少年だったあの日のイェフダは、この線路の上を走る貨物列車に乗っていたのだ。四人用の、清潔なシーツを敷いたベッドのある個室ではなく、馬や牛なら八頭、戦時下での軍隊の移動のときなら四十人が乗ったという、木製の箱のような貨物列車。その車両に八十人ほどが詰め込まれ、木の床にじかに座って（いや、ときどき交代して座ることができただけで、多くの時間は、押し合うように並んだ人々の間に立って）、しかも、どこに向かっているのか、その行き先に何があるのか、何も知らされない不安と恐怖に怯《おび》えながら……。

一九八九年に初めて、娘と二人でアウシュヴィッツを訪ね、プラハを歩いて、テレジン

雪のアウシュヴィッツ。奥に見えるのが、ビルケナウの《死の門》

収容所のことを知って以来、もう二十回以上、わたしは旅をしてきた。

そこを訪れるとき、わたしは、自分の中で一つの約束事をつくり、それを守ってきた。それは、収容所に立ったとき「寒い」と言わないということだった。寒いところなのだ。

今日、アウシュヴィッツ・ビルケナウの駐車場でバスを降り立ったときも、ビルケナウの《死の門》の前に立ったときも、多くの仲間が、コートの襟《えり》を立てたり、マフラーを巻き直したりしながら「寒い」「寒い」と何度も口にしていた。でも、わたしは言わない——「寒くないの?」「寒さに強いのですか」そんな質問には、笑って答えなかった。

初めて訪れたのは、二月、一年中でいちばん寒いときだった。

ポーランドがまだ共産主義の時代、アウシュヴィッツへ行く見学者はいなかった。クラクフ駅で、群がってくる白タクの客引きの中から、必死で勘《かん》を働かせて善良そうな（？）運転手を選び、英語のメモを見せて、アウシュヴィッツ博物館の見学、ビルケナウへの案内、それぞれで、少なくとも二時間ほどは待っていてもらえるなら料金はドルで払うと約束して、やっと実現した見学。

タクシーの中は暖かかった。あの日の白タクは、びっくりしたことに真っ白な高級車ベンツ。シートも柔らかく、運転手は、ふわふわの毛糸のひざ掛けまで貸してくれた。でも一歩外に出ると、手袋をしていても、指がかじかんで、カメラのシャッターが押せなかった。

アウシュヴィッツ博物館の廊下には、入り口から吹き込んだのか、小さな水たまりができ、そこに氷が張っていた。ビルケナウでは、いつ降った雪なのか、汚れた、とけてまた固まったような雪が残っていた。

頬《ほお》がこわばって、口がきけなかった……こんな寒いところで、人々は、写真で何度も見たことのある、あの縞《しま》模様のパジャマのような木綿《もめん》の洋服だけで、コートも襟巻きもなしに暮らしていたのか、コンクリートの床に寝ていたのか、と思うと、それだけで背筋が凍《こお》りつくようだった。

それから一年過ぎた翌年の二月、わたしはまたあの場所を訪ねた。卒業を前にした大学生二人を伴っていた。わたしの初めての旅の話を聞き、しかも、東欧の国々に改革が起こり、町々で若者が自由を歓《よろこ》び合う姿や、ベルリンの壁の上で抱き合う人々の様子をニュースで知って、どうしても行きたい、連れて行ってくれと申し出てくれた人たちだった。

その一年の間に、わたしは、何の力も経験もないのに、チェコスロバキア（当時はまだそうだった）政府に交渉して、日本で、ホロコーストで命を失った子どもたちの絵の展覧会を開こうという、とんでもない大きな決断をしていた——だから、再訪の機会ができたのだった。

その決断の前に、わたしは多くの本を読んだ。だから、一年前とは少し違った思いにはなっていた。

その日も寒かった。ビルケナウの、あの広大な土地に雪はなかったが、木枯《こが》らしが吹き荒れていた。帰りのタクシーの中、若者たちは口数が少なくなっていた。そのとき、わたしは、きっとこれからも何度か訪れなくてはならないこの場で、決して「寒い」とは言うまいと一人心に決めたのだった。わずかな時間、限られた時間の寒さなんか口にするのはよそう、と。

どんなに寒くても、車の中はヒーターで暖められている。ホテルに帰れば、快適な温度の部屋、柔らかなベッドがあるのだ。レストランに行けば、温かなスープがある、香りのいいホットワインも飲める。明日は一日中、暖かな部屋でくつろぐことだって許されているのだ。でも、あの人たちは……。

一年の間に何度も読み返したプリーモ・レーヴィ（アウシュヴィッツから生還した作家）の詩は、もうほとんど暗記していた。わたしは、二人の大学生に、詩を教えた。

暖かな家で
何ごともなく生きているきみたちよ

夕方、家に帰れば
熱い食事と友人の顔が見られるきみたちよ。
（略）
考えてほしい、こうした事実があったことを。
これは命令だ。
心に刻んでいてほしい
家にいても、外に出ていても
目覚めていても、寝ていても。
（略）

（プリーモ・レーヴィ『アウシュヴィッツは終わらない』
竹山博英訳、朝日新聞社より）

外の気温は低いのだろう、列車のガラス窓にびっしりと水滴がついているのを、掌《てのひら》で拭《ぬぐ》ってみたが、外は漆黒《しっこく》の闇、何も見えなかった。

雨はやんだらしい。

わたしは、個室に戻って、ベッドに横になった。

寝よう、昨夜のクラクフのホテルでも、その前の晩のワルシャワのホテルでも、あまり眠れなかった。疲れている。少しの時間でも寝ておかなければ。

列車は今どこを走っているのか……もうポーランドとチェコの国境を越えたのかどうか……、まったく分からなかったが、このまま七時間ほど走ればプラハに着く。通り過ぎる町も、駅の名前も知らないけれど、プラハに着くことは確かなのだ。

そして、プラハでは、大事な出会いが待っているのだ。

2 ディタ・クラウスⅠ

ディタ・クラウス――イェフダ・バコンと同じ一九二九年生まれ。彼と同じくイスラエルに住んでいるのだが、わたしに会いたいと、数日前からプラハに来てくれている。そして、一緒にテレジンへ行ってくれるという予定なのだ。

夜行列車のプラハ到着は一時間以上遅れた。夜中、どこかの駅で長い間停まっていたのは気づいていたが、日本の列車と違って何の放送もないし、降り立った駅でも、日本の駅でなら、うるさいほど繰り返す「遅延のお詫《わ》び」の声は聞こえない。ディタは、もうホテルに着いているのではないかが気になった。

「待たせたら怒る人なのよ」わたしは、仲間に言った。

「優しい人なのだけど、とても厳しいの。ああいう強さがないと生き残れないのだろうなって、いつも思うのよ」それがわたしの実感なのだ。

駅からバスでホテルに着いたときはもう約束の時間をかなり過ぎていた。当然ながら、彼女はホテルのロビーにいた。

「ごめんなさい、列車が遅れて……」と詫びようとするわたしに、「フロントに、あなたの名前を言っても分からなかった」と不機嫌そうな口調。「クラクフから夜行列車で来た……列車が遅れて……」と繰り返すと、やっと笑顔になってわたしの肩を引き寄せてくれた。

これから、ホテルで朝食をとって、それからテレジンに向かうと説明し、とりあえず一緒にレストランに行こうと誘った。

六年ぶりの出会いだ。

八十八歳、初めて会ったころに比べれば、目じりの皺《しわ》は深くなった、首筋にも皺やたるみが増えた。彼女から見れば、きっとわたしも同じように年老いて見えるのだろう……初めて会ったときから、もう四分の一世紀もの時間が過ぎているのだから。

「わたしが、テレジンに送られたのは、一九四二年、十三歳のときでした」

バスが発車し、ガイドの挨拶が終わり、わたしがディタの紹介をするとすぐに、彼女はマイクを持って話し始めた。しっかりした口調だった。

「呼び出し状が届いて、わたしたち家族は、集合場所へ行きました。そこから、テレジンへ行く途中のリトメリチェという街までは列車で行きました。貨物列車ではありません、普通の客車でした。でも、すごい混雑でした。立っているのがやっと、子どもは、大人の間に挟まれて動けませんでした。暑かったです。たくさん洋服を着こんでいましたから。持って行く荷物は限られていたから、一枚でも多く着て行こうと考えたのですよ、寒いときですもの。わたしはセーターを三枚にコートを二枚も重ねていたから、気分が悪くなりそうでした。

テレジンに着いてすぐに広場で言われたのが、『もうお前たちには名前はない』という言葉でした。もちろんドイツ語です。ドイツの軍隊がプラハに入ってきてしばらくすると、わたしたちユダヤ人の子どもは学校へ行かれなくなったのですが、その前に、ドイツ語を勉強させられましたから、言われたことは分かりましたよ。

プラハの集合場所へ集められたときに、番号札をもらっていました。ボール紙に番号を書いただけのものを首にかけておけと言われたのです。簡単なものでしたから、すぐ紐《ひも》が切れてなくなってしまったけれど、ともかく、それが自分の名前に代わるものだって言われたのです。『お前たちが、どこの誰かなんていうことは関係ない』って。

しばらくの間は家族みな一緒にいました、何もない部屋で、一日分としてパンの塊《かたまり》をもらって、何もすることがなく、ただ寒さを我慢して座っていました。

何日かして、子どもたちが番号で呼ばれました。どうなるのか、心配だし、怖かったけれど、誰も泣かなかったですね。みな黙って命令に従って集まり、並び、歩きました。連れて行かれたのが《女の子の家》でした。《男の子の家》が別にあるってことや、十歳から十五歳の子どもがそこに入れられたのだということは、後で知りました。

部屋は狭かったですよ、もともとアパートだったところですから。その一部屋に二十八人が入れられたのです。家具はもちろん、絨毯《じゅうたん》もカーテンもない部屋に、粗末《そまつ》な三段ベッドが並んでいました。藁《わら》の入った布団が一枚あるだけ、枕はなかったですね。その一つのベッドに三人が寝ました」

わたしはすでに何度も聞いていた話だが、テレジンへ向かうバスの中で、通路を隔《へだ》てているとはいえ隣に、マイクを持って話しているディタがいるということが、わたしの心を揺らしていた。

「話す機会をくれてありがとう」「生き残った人は、語るのが義務なのよ」……わたしの肩を抱いて繰り返してくれた言葉が、まだメールなんていう便利なものができるとは想像もしていなかったころに何度も交わした手紙の文字が、よみがえってくる。

3　ビリー・グロアー

一九九〇年、初めて訪れたイスラエルの《テレジンの家》で、わたしは、予想もしていなかった出会いをした。ギヴァットハイムというキブツ（共同農場）の中の、あの大量殺《さっ》戮《りく》の嵐の中を生き残ってここに住む人たちがつくった小さな博物館《テレジンの家》で、わたしを待っていてくれたのはビリー・グロアーだった。

自己紹介をしようとするわたしを、彼はとどめた。「知っていますよ、テレジンの子どもたちの絵に恋をした人でしょう」

隣の席にいた博物館の館長アリサ・シラーが小さく声を出して笑い、握手するビリーとわたしの手の上に手を重ねた。彼女の筋張った硬い手も、ビリーの厚ぼったく肉のついた温かい手も、なぜか、その感触が今もわたしの中にある。

ビリーは科学者で、少し離れたマーニットというキブツに住んでいたが、《テレジンの家》開設時からのスタッフで、絵が好きで、その後、毎年、しゃれた絵を描いたグリーティング・カードを送ってくれた。

ビリーからの《A Happy New Year》と書かれているカードが、今もわたしの手元にあるが、実際にそれが送られてくるのは、六月とか七月なのだった。イスラエル暦なのだろう、一九九二年のものには《5754》という数字がある。彼らユダヤの民の歴史は、わたしの知る歴史の知識より四千年も前から始まっていたということなのだ。

ビリーは、英語、ドイツ語、チェコ語、ヘブライ語、アラビア語が話せる。カードにも、英語のほかに《Slastny Novy Rok》とチェコ語があり、その下には、わたしにはカットイラストのようにしか見えないヘブライ語の文字も並んでいた。

そう、ディタも、英語、ドイツ語、チェコ語……ビリーと同様に五か国語が話せる。彼女の夫オットーは「わたしは、それに加えてアルメニア語も、イーディッシュ語も話せる」と言った。

「仕方なく覚えた言葉です。学びたくて学んだ言葉ではありません。あのころ、収容所の中では、ドイツ語が分からなかったら生きていけなかった。あいつらの命令を理解しなければならないのですから。解放されてからイスラエルへ来たのですが、ここでは、英語とヘブライ語が必要です。

その後、アラビア語、イーディッシュ語も覚えました。一つの言葉で暮らしていけるなら、ミチコ、あなたは幸せなのですよ。わたしは、いくつもの言葉を話しながら、わたしは何人なのだ？　と思うのですよ」

あのとき、庭から摘《つ》んできたミントでお茶をいれながら、ディタの青い目もうるんでいたな……バスの中でディタの声を聞きながら、わたしは、おかしいほどに、二十年以上も前の記憶がよみがえってくるのを感じていた。

ビリーについては、どうしても、ここで書いておかなければならない。彼がいなかったら、わたしは、テレジンの子どもたちの絵に出会うこともなく、そうすれば当然、展覧会など開くこともなく、本を書くこともなく、こうして仲間を連れて、この地を訪れることもなければ、ディタと知り合うこともなかったのだから。

ビリーは、テレジンで《女の子の家》の世話役をしていた。十歳から十五歳の少女たちから見れば、少し年が離れたお兄さん、ユダヤ人の自治組織で選ばれたのだ。彼の役割は、子どもたちが安全に暮らしているか、そのために、何を手助けすればいいかを把握することだった。だが、実際には、今、子どもたちにはこんな援助が必要と分かって、それを伝えても、自治組織が行動できることは少なかった。

毎朝、収容所で行われる点呼——殺人を目的としてつくられたアウシュヴィッツのような絶滅収容所でも、近くの軍需工場にタダで使える労働者を供給する小規模な労働収容所でも、どこででも必ず行われていた。ときには長時間にわたり、拷問《ごうもん》だったといわれる——では、ドイツ兵が、広場に並んだ収容者の数を綿密《めんみつ》に調べ、記録していた。

《女の子の家》の点呼は、最初のうちは形式的なものだったが、少しして、子どもも労働力として利用されるようになると、利用価値のない、つまり栄養失調で体が弱ったり、病気になったりしている子どもたちを列から外すようになった。その子どもたちは、翌朝の貨物列車に詰め込まれ、《東》——多くのユダヤ人を能率よく《処理》するために、ポーランド南部につくられたアウシュヴィッツ・ビルケナウ収容所——へ送られた。

そこで待っているのがガス室であるとは、当時、ユダヤ人自治組織の役員ですら知らなかった。だが、《東》へ送られて帰ってきた人はいない、その後の消息は分からない。だ

テレジンの《女の子の家》の世話役をしていたビリー・グロアー。彼が収容所に残された4000枚の子どもたちの絵を見つけ、持ち出した（1990年、イスラエルにて）

から、ビリーは、なるべく子どもたちが送られないように、体調を崩している子どもをなんとかここに残しておこうと、懸命に行動していた。ときには、自分に与えられた小さな硬い一切れのパンの、そのわずかな一部を取っておいて運んだ。子どもたちは、なんでも、このお兄さんに相談した。

下着がなくなってしまった、胸や首に湿《しっ》疹《しん》ができてかゆい、靴が窮屈《きゅうくつ》になってかかとが痛い……お母さんに会いたいと泣く子もいた。

「ほとんどのことは、何もしてあげられなかったのです。食べ物はもちろん、衣服も薬もないのですから……ただ聞いてあげるだけでした。でも、自治組織の女性たちに相談すると、仲間の持っていた針を借りて自分の洋服を縫《ぬ》い直したり、下着に継《つ》ぎをあてたり、みんなで助けてくれました」

ビリーは、解放の日までテレジンで暮らした。「何十回、いや、何百回だな」、《東》へ向かって発車して行く、真っ黒な箱のような貨物列車を見送ったという。

一九四四年の冬には、もう、《女の子の家》はがら空きだった。三人も四人も、ひどいときには五人もの子どもたちが、半分重なるようにして寝ていた三段ベッドの上段には、もう誰もいなかった。

「四五年の春になったころは、収容所はもうほとんど廃墟《はいきょ》でしたよ。ドイツ兵はいつの間にか撤退してしまったから、食事の配給もなくなって、わたしたち若者は、ドイツ兵の宿舎だったところへ入って食べられるものを探しました。カチカチに乾いたパンとか豆が見つかることがあり、ときには、マーマレードの瓶《びん》を見つけて、みんなで指を突っ込んでなめました。衰弱して自分で動けない人はベッドにいるしかありません。死ぬのを待っていたようなものです。分けてあげたくても食べるものがないのですから、情けなかったですよ。

そんなある朝、聞き慣れない声が聞こえたのです……。いろいろな国の言葉でしたね。最初は聞き取れなかったけど、そのうちにチェコ語も聞こえたのですよ。『この収容所は解放されました。あなたたちは自由です。建物から出てきなさい。あなたたちは自由です』と。

もうすぐ終わる、もうすぐ……と何回も何十回も聞いたけど、なかなか来なかった解放は突然でした。ドイツの総統《フューラー》ヒトラーが自殺していたなんてことは知りませんでした。《東》と呼ばれていた、貨物列車の行き先が、人を殺すためにつくられたアウシュヴィッツ収容所というところだったとか、同じような人を殺す施設がほかにもいくつもあったとか、そんな話は何も知りませんでした。ちゃんと知るのはずっと後になってでしたよ。

子どもたちの絵を見つけたのは、助け出されて数日後です。テレジンを解放したのはソ連の軍隊です。彼らはあまり食べ物を持っていなかったんですよ。だから、数日して、元気になった人のことは早く帰らせたかったのだと思います。もう大丈夫だからプラハに帰れって言うのですよ。もちろん帰りたかったですよ……でも、帰っても、家があるのかどうか、家族がいるのかどうか、分からないのです。明日からどうやって生きていけばいいのか……『帰れ』と言った兵隊たちにだって、何も分からないのです。

それでも、やっぱり帰ろう、そう思って若い仲間数人で《カナダ》へ行ったのですよ。《カナダ》って分かりますか。どこの収容所にもあったはずです。

ユダヤ人は、収容所に連れて来られるときに、一家族五十キロの荷物を持って来ていました。『そこで生活するのに必要なものを持って来い』と言われたのです。だから、大事なもの、生活に必要なものを持って行ったのですが、ほとんどのものは、収容所の入り口で取り上げられました。そう、皆から取り上げたものをしまっておく、いわば宝の山が《カナダ》です。

《カナダ》に行って、明日からの生活に役立つものをとって行こうと思いました。その途中にドイツ軍の事務所だった建物がありました。彼らは、解放の前にさっさと逃げてしまったのです。書類は焼かれていました。それは悪事の記録ですからね。でも、そこにあったのですよ、あの絵が。

どうしてあそこにあったのか、まったく分かりません。誰も知らないでしょう……たくさんの紙の下のほうに積んであったので、燃え残っていたのです。びっくりしました。ああ、あの子どもたちの絵だって……。

わたしは知っていましたからね、あの《女の子の家》で行われていた絵の教室のこと。わたしは、教室が開かれる夜は、見回りをして、ドイツ兵の監視が来たらそっと口笛を吹いて知らせるという大切な仕事をしていたのですよ。

だから、わたしは知っていました、あの絵の教室が始まってから、子どもたちに笑顔が戻っていたこと、楽しそうに笑って、目を輝かせていたことを。そして、多分、あの子たちはもう帰ってこないのだろうってことも……。だから、《カナダ》では、金目のものは諦《あきら》め、トランクだけ持ち出して絵を詰めました。そして、プラハまで持ち帰ったのです」

4 ディタⅡ

わたしがビリーの話を思い出しているとき、ディタはマイクを持って話し続けていた。彼女がプラハで知り合ったという日本人女性が同行して、通訳をつとめてくれていた。

「わたしが解放されたのは、ベルゲン・ベルゼンです。アウシュヴィッツに送られたけれど、そこからまた移送されて、ドイツ国内のいくつかの街で、爆撃の後片づけなどをやらされてから、ベルゲン・ベルゼンに行ったのです。あの日記を書いたアンネ・フランクとも一緒だったのかもしれない。あの人は、あそこでチフスで亡くなったのです。わたしもチフスにかかって半分死にかけていたときに助け出されたのです。あそこの衛生状態は本当にひどくて、チフスでたくさんの人が死んだのです」

《小要塞》の駐車場に着くまでずっと話をしていたディタは、バスの中で待っていると言った。「《小要塞》には行かない、わたしには関係ないところだから」と言うのだ。

《小要塞》――一九四一年、ナチス・ドイツが、テレジンを収容所にしようと決めたのは、当時、ナチスのナンバー3で、ヒトラーのお気に入りといわれていたラインハルト・ハイドリヒだった（第六章のリディツェの惨劇は、彼の暗殺から始まった）。ここは、かつてオーストリアの守備隊の駐屯地だったために、高い土壁の塀があり、その周りを堀が囲んでいた。その、敵の襲撃を阻《はば》む堅固さが、今度は、中に閉じ込めた人の脱走を不可能にするだろうと考えられたのだった。開設当時は、政治犯、反ナチスの抵抗運動家、共産党員を収容するところだった。

しかし当時のチェコには、ポーランドやドイツほどではなかったが、それに次ぐほど多くのユダヤ人がいた。彼らを送り込むには、《小要塞》だけでは足らない。そこで街に住むチェコ人をすべて強制移住させて、テレジンの街全体を収容所にしたのだ。

「ここの説明はガイドさんに頼んでいるのよ。あなたは説明をしなくていいから、一緒に歩きましょうよ」と言ったのだが、ディタは「待っている」と言い張る。仕方なく彼女をバスに残して、わたしたちは《小要塞》に向かった。

こういうとき、ディタは強い。嫌なことは嫌なのだ。わたしのように迷ったり、妥協したり、意に沿わなくても行動してしまうようなことはない人なのだ。


「ディタさんって、ユダヤ人なのでしょう？　でも、金髪ですよね、目も……」

バスを降りて歩き出すと、Nさんが駆け寄ってきて聞いた。

「そうなのよ。ユダヤ人は、髪も目も黒いと思われているけど、実際には、そうじゃない人も多いの」とわたしは答えた。わたしが、これまでに会ったテレジンの生還者《サバイバー》——

すべてが、当時のナチス・ドイツが制定した「ニュルンベルク法」でユダヤ人と決められ、《ダビデの星》を胸につけることを強制され、そして収容所に送られたのだが——の中に、髪も目も黒いという人は少ない。ディタの目は、少し灰色がかっているが青い。ビリーの目は青く、アリサは茶色だった。

「あの当時、ユダヤ人を血族的にだけでなく、科学的に証明するという、いろいろな器具があったのよ。何段階かの色のガラスがはめてあって、それと目の色を比べたり、鼻や頭《ず》蓋骨《がいこつ》の大きさを測ったり……今から見れば、本当に愚かしいわよね」とわたしは、テレジンの《小要塞》入り口への、両側を広大な墓地に囲まれた道を歩きながら話した。

もと守備隊の駐屯地だった広大な敷地、《小要塞》の中には、壁が崩れ、かなり荒廃しかかっているが当時のままの姿を見せる収容棟、独房、国際赤十字の視察団に見せるためにつくった、水の出ない蛇口が並ぶ洗面所やシャワー室などなど見るものがたくさんある。管理するナチス幹部の家族が使ったプールもあれば、規則違反——命令された以外のことをするのは、すべて規則違反になったのだが——の人を処刑した銃殺の壁もあり、その壁の前に連れて行くために歩かせた百メートルにも及ぶ地下通路もある。痩《や》せ細った人々が支え合って立っているような大きなブロンズ像もあれば、脱走者が出たために、足場になった壁の一部を壊した外壁が見える場所もあり、何も知らないで見れば、静かな青草の丘と、そこを流れる細いせせらぎもある……わたしは、もうここを二十回以上訪ねているが、それでも、ちゃんと見ていなかった場所もあるし、教えられて初めて知るものもある。

初めて訪れた人たち、ガイドさんの話を聞きながらの見学では、すべてを回ることなんかできない。あれも見せたかった、あそこの話をしたかった……仲間を連れて行くといつもそう思いながら、終わらせなければならない。

ディタを待たせている。彼女が案内したがっている――当時、一応は収容所でなくゲットーと定義されていた《大要塞》の街の部分へ行かねばならない。

「一時間くらいかと思っていたら、二時間以上待ったわ」と、少々不機嫌だったディタは、バスが動き出すなり、体を寄せてきて言った。

「一人でいろいろ思い出していたのよ。ミチコと初めて会ったときのことや日本のこと。日本のお土産《みやげ》にもらったきれいな日本人形のついたハゴウタ……」

「ソーリー？」

彼女は、バッグから手帳を出して見せた。羽子板《はごいた》の絵が描かれていた。

「ああ、羽子板」とわたしは答えて、彼女のノートにローマ字を書き込んだ。

「そうそう、ハゴイタ。今も大事に家に飾ってあるわよ」

一九九一年、『テレジン収容所の幼い画家たち展』開催中に日本へ招かれたときのことを言っているのだ。

「大阪で、古い大きな家に行ったわね……オレンジ栽培をしている山の……あの山にいくつもあったスプリンクラーはイスラエル製だったのを覚えている？」

見事な記憶力だ。彼女と話すたびにそう思うのだが、あの一週間の日本滞在――展覧会場での自分の描いた絵との出会いや、大阪城を見たこと、新幹線に乗ったことなどはもちろん、会場で話しかけてきた人のことや、ホテルに届いた花束のこと、空港からホテルが遠くて疲れたことまで、本当に多くのことを覚えていて、それを話してくる。

幼い日のこと、まだナチス・ドイツが侵攻してくる前のプラハでの生活、不自由になった日々から収容所への呼び出し、そして、テレジン、アウシュヴィッツ、ドイツ国内での労働、ベルゲン・ベルゼンでの日々、母との別れ……何もかも、こんなに覚えていてつらくないのかと、ときどき気になる。この人は、記憶を封印しないのか、しようと思わないのか……。「聞かせてください」と訪ねたのはわたしなのだが、記憶力の豊かさが、この人を苦しめることはないのだろうか、と。

日本滞在中、多くの新聞社やテレビ局の取材を受けた。展覧会を知ってほしくてプレス・リリースを出したのはわたし自身だったが、カメラマンの視線や注文はわたしを困惑させた。

六月で、半袖のワンピースを着たディタの左腕にはアウシュヴィッツで彫られた数字の入れ墨が見える。それをカメラにおさめようとするのだ。「すみません、その腕、もう少し前に出してもらえませんか」

イスラエルのホテルで、初めて彼女に会ったとき、挨拶をしながらわたしの目に入ったのは、彼女の左腕の数字の番号だった。彼女は隠そうとしていなかったが、わたしは、目を向けてはいけないような気持ちになっていた。

見てはいけない……そう思いながら、視線が向いてしまう……いけない……それは、わたしの勝手な思い込みであり、その後、彼女に言われた「ミチコの理解しがたい遠慮深さ」によるものだったかもしれないのだが、わたしが、三時間ほどにもなった対話の間ずっと苦しかったのは事実だった。

「この写真を撮らなくてもいいの？」と聞いたのは、彼女だった。「取材するのだったら写真も撮ったほうがいいのでしょ？」

そう言われてわたしはカメラを向けた。シャッターを押す指が震えた。二度シャッターを押すのがやっとだった。帰国して現像した写真を見たときに、それを持つ指がまた震えた。話している最中に、そして、別れるときに、わたしは彼女の表情をカメラにおさめていた。それはすべて笑顔だった。優しく美しい笑顔だった……それなのに、腕をわたしに向けたときの表情は違っていたのだ。

だから、日本のカメラマンの注文がわたしにはつらかった、やめてほしいと思った。そんなつもりで招いたのではない。生きていたから遠いと思っていた日本へ行ける——生きていてよかった、幸せだと思ってほしくて招いたのだった。毎晩ホテルの部屋の前で別れ

「この写真を撮らなくていいの？」ディタ・クラウスは左腕に残る入れ墨を撮影するよう促した（1990年、イスラエルでの初めての出会いにて）

るときに、わたしは「ごめんなさい」と彼女に詫びていた。

「思い出したくない記憶を聞き出してしまって、ごめんなさい」と。

だが、日本を去るときに彼女は言ったのだ。

「ミチコ、謝らなくていいのよ。確かに思い出すのはつらいけれど、わたしは生き残っているの。死んでしまった人は話したくても話せない。わたしは生き残ったのだから、話すことが義務だと思うの、話せてよかったと思っているわよ」

——あれから、二十七年もの年月が過ぎている。その間に彼女から、「訪ねてくる人たちにわたしの経験を話しています」「エルサレムの小学校の児童たちに話しました」などという手紙やメールを何度ももらった。

「ミチコが聞きに来てくれたのがきっかけでした。夫も生還者《サバイバー》で、イスラエルで中学校の教師をしていましたが、ずっと、当時の自分の体験を書き続けていました。ビリーから電話をもらってミチコのことを聞いたとき、夫が、遠い日本でテレジンを知ってもらえる機会があるなんて素晴らしいじゃないか、会ってくれれば……と言ってくれたのですよ。少し躊躇《ちゅうちょ》したのですが、今は、話せてよかったと思っています」

その後、わたしとともに出演したテレビ番組の中で、そのときのことを、彼女はそう言った。今日も、二十二人もの仲間たちに出会って、話す機会をもらってよかったと思ってもらえるだろうか……。

イスラエルで初めて会ったのは十一月だった。彼女の住むナターニアは、地中海に面した街、しかも海抜が低いので、まだ海辺にビーチパラソルが並んでいる季節だった。だから彼女は半袖を着ていた。だが、今、プラハの十一月は寒い。わたしたちはみな厚いコートを着ている。ディタもだ。腕の入れ墨は誰の目にも触れない……わたしは少し安堵《あんど》していた。

5　ディタⅢ

テレジンの博物館は、もと《男の子の家》だった建物だ。斜め前には教会があり、その横にあったのが《女の子の家》、そこは今、当時のまま――というより、テレジンの街全体が収容所になる前と同じに、集合住宅になっている。

この街を訪れるようになったばかりのころ、わたしは、ある建物の前で、教会の脇にある広場で、その先の四つ角で……足が止まり、背筋が寒くなって、その先に進めなくなっていた。カメラを持っていても写真を撮る気にはならなかった。

写真集にあった、道端に横たわる死体や、壁に寄りかかって蹲《うずくま》る痩せ細った子どもたち、ぼろぼろの衣服を身にまとった虚《うつ》ろな目の老人……。

ベジュリフ・フリッツタや、レオ・ハース、フェルディナンド・ブロッホなどテレジンにいた画家の描いた絵も見ていた。重なり合うように寝転がっている人々、異様なほどに目ばかりが大きい、腰の曲がった老婆に手を引かれる痩せた子ども……。

少し崩れた壁の前を通るとき、そこに蹲る子どもたちが見えるような気がした。四つ角を曲がると、その先に死体が転がっているのではないかという不安や恐怖があった。この街は、三年数か月の間、そんな光景が見られた場所だったのだと思うと足がすくんだ。

その後、何度も訪れ、歩き、わたしはいつの間にか、そんな恐怖心を忘れていた。平気で歩けるようになっていた。いつだったか、雪の日にテレジンを歩いたことがあった。通りかかった教会の横の広場に、小さな雪だるまがあった。頭にバケツをかぶった小さな雪だるまだった。近くで遊んでいる子どもたちの姿はなかったが、いかにも幼い子どもがつくったような不格好な雪だるまだったのを覚えている。そして、そのとき、なぜか急に、ああ、ここにいた一万五千人もの子どもたちのほとんどが、あのアウシュヴィッツで殺されたのだった——と、もう何十回も繰り返し書き、話していた事実が思い出されて、久しぶりに背筋が冷たくなるような感覚にとらわれた。

ディタは、この街を歩くとき、そんなことはないのだろうか。わたしの戸惑いなんか気づかないように、ディタは、背筋を伸ばし高齢にしては力強い大股で歩いていた。

「ねぇ、あの《女の子の家》だった建物に入ったことあるの？」とわたしは彼女に聞いた。

「いいえ、今ここは普通の人が住んでいるから、入るわけにはいかないのよ」

「でも、わたし、入れてもらったことがあるのよ」

あのとき、わたしは入り口で立っていた。暗証番号を押すか、インターホンを使って住人に開けてもらうかしないと入り口の鍵は開かないらしいと分かったが、入ってみたかった。ちょうど買い物袋を提《さ》げた女性が来たので、わたしは一生懸命にテレジンの子どもたちのことを調べているので――と話した。

「部屋は困るけれど、入り口を入って階段の写真を撮るだけならどうぞ」

わたしは、急いですべりこんだ。両側に三つずつのドアがあったが、すべて閉まってい て、人の声はしなかった。正面にある階段の写真を撮った。すり減った階段だった。今は「普通の人」が「普通の生活」をしているアパートだ。「普通」なら、どの程度にすり減るのか。

すり減るほどに多くの足が歩いた階段。アウシュヴィッツで、コンクリートの階段の真ん中の部分がすり減って、そこだけてらてらと光っていたのを見たときの衝撃も忘れられないが、ここにも、女の子たちが、三年数か月暮らしていたここにも……。

日本では見たことのないすり減った階段を思い出しながら、わたしはディタの横を歩いていた。

《男の子の家》だった建物は、博物館になっているので、過去の様子はまったくうかがい知ることはできない。

今回の旅の仲間たちのほとんどは、初めてここを訪れたのだが、以前から展覧会やわたしの著書で、子どもたちの絵を見ている人が多い。「ああ、あの子の絵」「これ、お母さんたちがセーターの裾《すそ》をほどいて集めてくれた、毛糸で描いた絵ですよね」などと話しかけてくる。

かつて《女の子の家》だった建物の階段。長年にわたり多くの人が歩いたからか、かなりすり減っていた

ここにディタの描いた絵もある。墨絵のように黒一色で教会を描いたものだ。

「わたしたちのいた部屋からは、あの教会が見えたのです。夕方仕事が終わって帰ってくるころには薄暗くなっているので、教会がシルエットになって見えたのです。すぐそばにあるのに、なんだかとても遠くにあるものみたいに思えていました」

二階に上がると、当時の写真や資料の展示もある。奥の部屋では、生還者《サバイバー》の証言などを見る映像もあり、ディタの夫であるオットーのものも見られた。

「ミチコ、元気だったころのオットーよ」とディタが言った。いつ撮影されたものなのか、

ディタ・クラウスがテレジンの《女の子の家》で描いた教会の絵

元気だったころとはいっても、わたしが初めて会ったころのようにふっくらした頬のオットーではなかった。でも、懐かしい――「書き残そうと思っています。ディタは、自分はすべて記憶していると言いますけど、まだ幼かったですから、記憶にあいまいなところが多いのですよ。当時十四、五歳だった生還者《サバイバー》が書いた本も出ています。それらは、それぞれ貴重な体験談ですが、きちんと残すには、わたしたち世代が書いておかなければなりません」と語ってくれたオットーの著書『The Painted Wall』、あのとき、ぜひ日本で翻訳書を――と約束しながら、彼が亡くなって十年以上も過ぎたのに、まだ実現できずにいる。

博物館の前の道、ディタの描いた姿のままの教会や、彼女のいた《女の子の家》だった大きなアパートの前を通って、《マグデブルグ・バラック》と呼ばれていた、ファサードにつけられた馬の首が印象的な建物に行く。この、当時女性収容者がいた建物も、今は博物館になっている。

「つらかったのは、プライバシーのないこと。いつもいつも大勢の子どもたちが一緒に暮らしているのです。着替えをするのもみんなの前、トイレに行くのも、食事をするのも、何もかもみんなと一緒でした。ときには、一人で泣きたいこともありましたよ。

お腹《なか》はいつも空《す》いていました。ちゃんとした食事はしたことがなかったですから。食べ物の夢はよく見ました。美味《おい》しいスープの匂いがしているキッチン、大好きなケーキが並んでいるテーブル。夢から覚めるとお腹がグーッて鳴りました」

二階の一室は、収容所当時のように設《しつら》えられていた。三段ベッド、それぞれに荷物が置かれ、壁にはコートや洋服がかけられていた。そこでディタは話した。

「こんなにたくさんの私物はありませんでした。はじめは持っていましたよ。家から持参したものがありましたから、少しは着替えもあったし、本や人形もあった……でも、すぐになくなってしまった……」

下着や靴下が盗まれることが多かった——前に、彼女から聞いていた。「悲しいけれど、なかったら困るから、自分のものがなくなったら、人のものを盗むしかないのよ」と。

階段があんなにすり減るほどの子どもたちが暮らしていたのだ。はじめから持っていなかった子どももいただろう。たった一枚の下着が破れてしまったら、人のものを盗むしかないのだ。

十歳から十五歳、いわば思春期の少女たちの集団生活、精神的につらいことも多かったはずだ。わたしは、はじめのころ、《Children of Terezin……》という言葉をそのままに《テレジンの子どもたち》と訳し、幼い子どもたちの姿を想像していた。だけど、十五歳はもう子どもではない、少女なのだ。

以前、ビリーの口から、少女たちの「生理」のことを聞いたことがあった。

「最初のころです、一人の子が言いに来たのですよ。困りました、わたし自身に知識がないので、そのときは女性の収容棟へ相談に行きました。この先、大変だなって、みんなで心配したのですよ。でも、心配はいらなかった。二、三か月すると、すでに初潮のあった子もみんな止まってしまったのです。

あのころは、助かったと思いましたよ。でも、後になって、なんてかわいそうなことだったかって……栄養が足りないし、精神的にもつらかったでしょうからね」

「My name is Pepicek
Our father died long ago
I'm holding Aninnka's hand

Our mother is sick……」

ディタが小さな声で歌い出した。テレジン収容所での出来事として有名な、子どもたちによるオペレッタ『Brundivar（ブルンディバル）』の歌だ。ハンス・クラサという若い作曲家がつくったオペレッタは、父親を亡くした幼い姉弟が、病気の母親の食べ物を得るために歌を歌ってお金を稼《かせ》ぐ、だがそのお金を泥棒に盗まれてしまい、動物たちの協力で取り戻すという物語。最後には、みんなで「悪者をやっつけた　悪者になんか負けないぞ」と喜びの歌を歌う。はじめはドイツ兵の監視の目をくぐって演じていたのだが、その後、幼い子どもたちの歌や演技の素晴らしさにドイツ兵が拍手喝采《かっさい》、許可されて何回も上演したということで知られている。子どもたちは、「ドイツ兵には負けない」という意味を込めて歌ったのに……。

「わたしは、弟のペピチェク役をやりたかったの。あるとき、いつもの子が病気で出演できなくなって代役を立てることになったのよ。それで、〝わたしにやらせてください〟と名乗り出たの。でも、駄目だった、わたし、あのころから背が高くて、お姉さんのアニンカより大きい弟はおかしいって……。残念でした」とディタが笑いながら話したのは、「猫」の役をやったエラ・ワイズバーガーがプラハに来て、一緒にお茶を飲んだときだった。

七十三年前に歌いたかった歌を細いきれいな声で歌うディタに、仲間たちは聞きほれ、大きな拍手が湧いた。帰り道、「本当に素敵な時間でした」という感謝の声をたくさん聞いた。

「ディタさんは、今はお幸せなのでしょうね」と仲間の一人が言った。「ひ孫さんが二人いるって聞きました」と。

「ごめんなさい、彼女に幸せですかとは聞かないでください」とわたしは答えた。当然、彼女は戸惑ったような表情を見せた。後でゆっくりと説明をしなければならないだろう。

「幸せ」——わたしたちは、容易にその言葉を使う。使っても、何の問題もない。息子が結婚した、孫が生まれた、孫が学校に入った……満足げに語る人に「お幸せね」と言えば笑顔が返ってくる。それで互いに納得がいく、わたしたち日本人同士なら。でも、違うのだ。彼女たちに、安易に「幸せなのでしょうね」とは言えないのだ。

わたしは、ディタやアリサ、イェフダ、ビリー、ヘルガ、エラ……何人かの生還者《サバイバー》との出会いの中で、「幸せ」という言葉の重さと苦さを知った。それを初めて体験したのは、日本にディタを招いたときだった。このときの彼女の言葉は、いつもわたしの心の中に残っている。折に触れ、よみがえってくるのだ。

大阪で開催中だった展覧会の関係者との食事会の席だった。展覧会場だけでなく、昔からのミカン農家に行ったり、大阪城を見たり、心込めたもてなしの最後の夜だった。

一人が立ち上がって聞いた。「ディタさん、今は幸せですか？」

「イエスと答えてくれると思っていたのですよ。だって、ご主人と息子さんがいて、地中海に面した美しい街に住んで、趣味の絵を描いていると聞いたら、幸せな老後だと思いますよ。だから、『いろいろ苦難の日々を越えて、今は幸せなディタさんの、今後ますますの健康と幸せを祈って……』と言って終わりにしようと考えていたのです」と、後になって彼は言った。

だが、彼女は「イエス」と言わなかったのだ。大きく首を横に振って「ノー」と答えたのだった。

「わたしの両親も祖父母も、叔父・叔母もいとこも、親戚もみな死にました。殺されたのです。それなのに、生き残ったわたしだけが『幸せです』とは言えません」

集まっていた人すべての笑顔が消えた瞬間だった。生き残った人は、死んでしまった人の分まで苦しみや悲しみを背負って生きているのだ。もしかしたら、死んでしまった人よりもつらい人生なのかもしれない。あのときの思いは今も消えていない。

その後、彼女の夫オットーが亡くなった。心を病んでいた長男も昨年逝《い》った――彼女がずっと心にかけ、その病いの原因を自らの責任だと責め続けていた、彼女の重荷の一つだった長男。その重荷がなくなったからといって、今も、彼女は「幸せです」とは答えないだろう。

「それだけは聞かないでくださいね」わたしは、バスに戻りながら繰り返した。

6 ディタⅣ

《マグデブルグ・バラック》から少し離れたところに、今も線路のレールが残っている。あのころ、毎日毎日、長く連《つら》なった真っ黒な箱のような貨物列車が通った線路。ヨーロッパ各地から、呼び出し状で集められたり、ゲットーからひとまとめに送り出されたり、あるいは街頭で捕らえられたユダヤ人たちをテレジンに運び込み、一度は空っぽになって、今度はテレジンにいる人たちを詰め込んで、当時《東》と呼ばれていたアウシュヴィッツへ発車して行った列車。もちろん駅の標示もプラットホームもなく、街の片隅に、その線路が残っているのだ。あれ以来、使われることのない線路は、枯れ草で半《なか》ば覆《おお》われていた。

ディタは、家族と一緒にここから列車に乗せられ《東》へ運ばれた。朝の点呼で番号を呼ばれ、指定された列車乗り場へ行って、久しぶりに両親と再会したということだった。到着したアウシュヴィッツでの話は以前聞いていていた。

「わたしたちは、一列に並ばされました。すごいたくさんの人でしたよ。列の先に、机が二つあって、片方には、白衣を着た人がいて、隣で分厚い書類を見ている人はナチスの親衛隊の制服姿でした。

母は、わたしよりも少し前に並んでいました。寒い日だったので、早くわたしの番が来ないかな……なんて思いながら、順番を待っていたのです。そうしたら、母の声が聞こえたのですよ。『三十七歳です』、大きな声でした。あらっ、と思いました。だって、母は四十二歳なのですから。はじめは、何のことか分からなかったですね。

でも、気がついたのです。労働力として役に立つのは、十六歳から四十歳までだって、聞いたことがあったのです。すぐに、母の考えが分かりました。だから、わたしは、背筋を伸ばし、かかとを少し上げて、精いっぱい大きく見えるようにして、大きな声で『十六歳です』と答えたのです……そして、わたしは、ガス室行きを免《まぬか》れたのですよ」

だが、それ以上のことは聞けなかった。「アウシュヴィッツの話はしたくないわ」と、吐き捨てるような口調で言われたことがあって、以来ずっと、わたしは、彼女に、アウシュヴィッツについての質問をしていなかった。一つだけ聞いていたのは、父親が、着いて間もなく死んだことだけだった。「餓死だったのよ」

ディタは疲れたようだった。バスのシートに深く体を沈めて目をつぶっていた。

今年の七月で八十九歳になる。初めて会ったころ、「わたしたちはみな体が弱いのよ、成長する時期に栄養が足りなかったのだから仕方がない」と言っていた。

日本へ招いたとき、新幹線の中で、用意した朝食のサンドイッチを二切れほどしか食べなかった人だ。あのとき、彼女は「後で食べる」と、残ったサンドイッチを大切そうにバッグにしまった。暑い日だった。大阪では、展覧会関係者が昼食の手配もしてくれている。「いらなかったら、捨てましょう」と手を出したわたしを彼女は強く拒《こば》んだ。「これは、わたしの。後で食べるわ」

……そのときの、ディタの表情と口調を、わたしは二十年以上も過ぎた今でも忘れられずにいる。そして、その夜、一日中持ち歩いたサンドイッチを、ホテルの部屋の前でわたしの手に渡すときに言った彼女の言葉も。「パンを捨てることがとても嫌なのよ。これだけのパンがあったら、何人もの人が生きられると思ってしまうから……」

翌朝の朝食の席で彼女は言った。白いレースのクロスがかかったテーブル、オレンジジュースとクロワッサン、白い丸皿にベーコンとスクランブル・エッグが乗り、大きなガラスの鉢《はち》にはみずみずしいレタスが盛られていた。

「こんなにたくさんは食べられないわ。ミチコ、ごめんなさい、まずいのじゃないのよ、昨夜の日本料理もとても美味しかった。この卵も美味しい。でも、食べられないわ。わたしだけじゃないのよ、わたしの仲間はみな多くは食べられないの」

確かに、そのころわたしが出会った生還者《サバイバー》はみな、あまり食べなかった。キブツの食堂に連れて行ってくれたアリサは、わたしの皿に、ひよこ豆のペーストや茄子《なす》の炒《いた》め物、鶏肉のトマト煮、大きな丸い蒸しパンなどをとってくれるのに、自分は、野菜スープとパンだけしか食べなかった。

あのころ、わたしは、戦争が終わって五十年が過ぎようとしているのに、当時の飢餓の状態から抜け出せずにいる人たちを前にして、わたしの想像が及ばないその飢餓の大きさに慄然《りつぜん》としていた。わたしの《世界》では、人は、病気などで食欲をなくしたとしても、健康になったら、たくさん食べられるはずという程度の常識しかなかったのだから。

でも今回、《マグデブルグ・バラック》に行く前に立ち寄ったレストランで、彼女は、一人前のスープとポークカツをきれいに食べた。会うたびに、彼女が元気になっていると思わずにはいられなかった。不思議だった。

ディタが、きちんと食事をとれるようになったのはいつごろからなのだろう。わたしが、数年に一度しか会えずにいた間に、彼女は健康になったのだろうか……。

自分たちがいなくなったら、もう、あのホロコーストの事実を語る人がいなくなってしまう。語る人がいなくなれば、事実までも忘れられてしまう……それではいけない。彼女が、今日この時間を共に過ごそうとしてくれたのも、一時間もかかるバスの間ずっとマイクを手に体験を話してくれたのも、彼女の「生き残った人の義務」のためなのだろう。そのために、彼女は命の炎を燃やしているようにすら見える。

生きて、語り継ぐためには、健康でいなければ、という思いから、彼女はちゃんと食事をとれる肉体を得たのだろうか……わたしの中では、さまざまな思いが入り混じっていた。

いつかまたディタにいろいろ聞いてみたい、いや、聞かなければならない。そんな気がしてならなかった。

疲れたのだろう。テレジンの見学を終えて、プラハのホテルへ戻るバスの中、通路を隔てて隣の席にいる彼女は、じっと目を閉じていた。


その日、ディタは、わたしと、わたしの娘への土産に絵を描いてきてくれた。初めて会ったときにも一枚の絵をもらった。その後も、何度か彼女の絵を見る機会があり、いただいた絵も数枚になっている。

「花しか描かないのよ」と、初めてのとき、彼女は言った。「あのころに美しくないものをたくさん見てしまったから、今は、美しいものしか見たくないという気持ちが強いのですよ。ここ、わたしが住むナターニヤは冬でも暖かいところだから、いつでもいろいろな花が咲いています。わたしは、庭に種をまいて、たくさんの花を咲かせているから、描きたいものはいつもたくさんあるのです」

ナターニヤの小さな画廊で個展を開いたこともあるという。招かれて行った彼女の部屋の壁にも、大小さまざまな紙に描かれた花の絵が飾られていた。本当に花だけだった。コスモス、ポピー、マーガレット、カスミソウ、アネモネ……南国の花なのか、わたしが日本では見たことがない青や紫の花もあった。それらの絵の奇妙な点に気づいたのは娘だった。

「ママ、ディタの絵って不思議。どの絵にも必ず枯れた花があるのよ。ほら、これも、これも……」娘の指さす先を見て気づいた。

ピンクのポピーと白いレースのようなカスミソウを描いた絵では、左下の一本のポピーが下を向いている。その隣の紅《あか》いアネモネと黄色いフリージアの絵では、アネモネの一つがほとんど直角に首を垂《た》れている……。初めてこの部屋で彼女の絵を見たとき、わたしの胸に生じた何か奇妙な違和感はこれだったのか。繊細《せんさい》な筆致《ひっち》で描かれた美しい花が、なぜかわたしを拒んでいるように思えてならなかった、わたしの素直に「きれい」と言いたい口を閉ざした原因はこれだったのか。

わたしは、そのことをディタに言ったことはなかった。何年か、会えない年月が過ぎた。手紙のやりとりが、いつからかメールに変わり、写真もパソコンの画面に送られてくるようになった。そして、あの東日本大震災の後に、プラハ滞在中の彼女のアパートを訪ねたとき、驚いた。

ここのアパートの部屋の壁にも、たくさんの花の絵があったが、そのどの花も美しく咲き誇っているのだ。折れて、首を垂れている花がない。

何があったのか。初めて出会ってから四分の一世紀もの長い年月が過ぎた。その間に、彼女は、夫を失い、ずっと心を悩ませる存在だった長男を亡くした。そんなことが何か関係するのか……死んだ花を描かなくてすむような何かがあったのか。

あの死んだ花を見つけたときと同じように、今も、わたしは何も聞けない。聞いたら答えはあるのか、それすら分からないが……やはり聞けない。

この日、贈られた絵は、どちらも枯れ葉を描いたものだった。この季節、プラハやテレジンの街を彩る黄色く枯れた葉。美しい絵だったけれど、なぜか妙に寂しい絵だった。


夜行列車で眠れないまま夜が明け、そのまま一日をテレジンで過ごし、疲れていたのに、その夜もまたわたしは眠れなかった。ディタの食事のこと、描く花のこと、わたしの頭の中では、記憶と現実とが混ざり合って、縺《もつ》れ合った糸のように解《と》くことができないでいた。

ディタ・クラウスが描いた花

第二章

絵を描いた人たち

1 解放七十周年記念式典

ここ数年、わたしは毎年アウシュヴィッツを訪ねていた。

二〇一五年一月二十七日には、アウシュヴィッツ解放七十周年記念式典にも招かれた。「生還者《サバイバー》の直接の記憶を引き継ぎ、その証言を新しい世代へとつなぐ節目の式典」だ。

雪の中、大勢の参加者の群れの中に入って歩いた。日本人の姿はもちろん、アジア系らしい人に会うことはなかった。当然のことながら、わたし自身がここで暮らした体験があるわけでもないし、亡くなった人の遺族でもない。それなら、なぜ、ここにいるのだ？　お前は誰なのだ？　と、すれ違う人から、隣を歩く人から問われているような気もした。人々の列の中に入って歩くのには、違和感も躊躇《ためら》いもあった。

集まっていたのは高齢者が多い。ほとんどが八十代、九十代だと、その朝のテレビのニュースは伝えていた。「みな高齢になった。今後、これ以上の数の人たちが集まることはないだろう」と、ポーランドの新聞、テレビ、外国の通信社もみなそう報じていた。両脇を抱えられてようやく歩いている人もいれば、両手に杖《つえ》を持って一歩一歩やっとの思いで足を踏み出すように歩いている人もいた。車いすの人もいた。

「寒くないですか」一緒に歩いているポーランド人のガイドさんが聞いた。「今朝の気温はマイナス七度でしたが、あの解放の日はマイナス二十七度だったといわれています。今日の式典の会場はどうなっているのか、心配ですね」

多くの人が、白と青の縞《しま》模様の帽子をかぶり、同じ模様の布をマフラーのように首に巻いていた。おそらくダウン・コートや厚手のオーバーの下にも、そんな衣服があるのだろう。不思議だった、これは、あの収容所の制服のはず。あの当時の写真でよく見ていた、いわゆる《囚人服》のはず（わたしは収容者のことを決して《囚人》と書くまい、口にするまいと一人で決めている。でも、この制服の呼び名は、やはり《囚人服》というしかない）。

布は決して汚れていない。土に汚れ、垢《あか》が染みついて、よれよれに着古《きふる》され、擦《す》り切れたものではないのだ。わざわざ新しくつくったのか……。なぜ、と思う。見るのも嫌《いや》なものではないのか、二度と着たくないものではないのか……。この服を着せられて、わたしたちはここにいた、ここで暴虐《ぼうぎゃく》の限りをつくされ、家族が、友人が、仲間が死んだ。その事実に抗議するために、この衣服をつくり、それを着て、ここへ来ているのか……わたしには理解できなかった。

式典はあの当時、夥《おびただ》しい数のユダヤ人を詰め込んだ黒い木の箱のような貨物列車が通った、そして、そこから降ろされた人々が「ここから出られるのは、黒い煙になって煙突から出るだけだ」といわれたという《死の門》を覆《おお》うようにつくられた巨大なテントの中で行われた。

《死の門》の向こうには、雪が降るビルケナウの広大な敷地が見え、会場の中には線路のレールが通っていた。よほど大きな暖房設備があるのか、外を歩いてきたわたしには気分が悪くなるほど暖かく感じられた。《死の門》に向かうように、たくさんのいすが並べられていた。

前に座っている老人の頭には、キッパと呼ばれる、ユダヤ人が使う小さな丸い帽子があった。向こうから歩いてきた体格のいい男性が、彼に声をかけ、二人は抱き合った。抱き合いながら、何かしゃべっていた。一言、二言、しゃべっては腕を広げて相手を離して顔を見、また抱き合っては何か言い合う。二人は言いながら笑っているのに、老人の隣に座っ

解放 70 周年記念式典の参加者の多くが縞模様の布を身に着けていた

ていた女性は泣いていた。

あちらでも、こちらでも同じような光景が見られた。声をかけ、抱き合い、泣き、笑い……相手の顔を確かめるように眺《なが》め、また抱き合い、泣き……。

わたしはますます疎外感を味わっていた。わたしだけがよそ者、誰かの出会い、その喜びにも、悲しみにも関わることができないのだった。

間もなく始まった式典では、ロマン・ケント氏という生還者《サバイバー》の一人がスピーチをした。大きなモニター画面で、彼の姿を見ることはできる。入り口で渡されたイヤホンで同時通訳が聞けるのだが、当然、日本語があるはずはない。彼はヘブライ語で語り、わたしはイヤホンから英語で聞くのだが、残念ながらわたしには半分くらいしか聞き取ることができなかった。八十五歳、「恐怖は今もわたしの中にある」と彼は言った。「次世代に伝えなくてはならない」「傍観者になってはいけない」――涙を流しながら語るケント氏の言葉の中から、それだけでも、聞くことができて良かった。それだけで、わたしは、ここにいてもいいのだと言われたような気がした。

わたしはよく「知ってしまったから」「聞いてしまったから」伝えることが自分の義務

だと思って行動しているのですと語ってきた。七十年もの長い時間を越えて、数少ない生還者《サバイバー》の、その中の本当にわずかな人しか、わたしはまだ話を聞いていない。でも、聞いてしまったから「傍観者」ではなくなったと思っている。

「わたしはドイツやヨーロッパの近現代史の学者でもなければ、ホロコーストや戦争の研究者でもありません」――と、わたしはシンポジウムや講演会の席で口にする。そんなわたしが、あの《死の門》を覆うように設《しつら》えられた巨大なテントの中にいたのは、ここで暮らして、幸いにも生きて解放の日を迎えることができた人たちのうち数人に会って、話を聞くことができたこと、その中の一人ミエティスワフ・コシチェルニャックの描いた絵十九点を所有しているからなのだった。

「堂々と行くべきよ」式典参加を躊躇《ちゅうちょ》していたわたしに、早稲田大学でのコシチェルニャック展に来た旧友の一人は、思いがけないほど強い口調で言った。

「わたしたちは、コシチェルニャックさんという画家の名前も知らなかったし、テレジンという収容所があったことも、まして、そこで子どもたちが絵を描いていたなんてことをまったく知らなかったのよ。あなたがいなかったら、日本人のほとんどが、そんな事実を知らずにいたと思うわよ。それを教えてくれたのはあなたよ。あなたは招待されて当然よ」と。

そう、そうだといいのだけれど……。

2　残された絵画

一昨年の旅のとき、わたしたち仲間は、アウシュヴィッツ博物館の絵画展示室へ案内していただいた。その前、解放七十周年記念式典に行ったときにも、わたしは、そこへ案内された。アウシュヴィッツ収容所を二十回近く訪れていたのに、そこを見るのは、そのときが初めてだった。

二十年前から、わたしは、ここアウシュヴィッツ博物館に絵があることは知っていた。だが、見たことはなかったのだ。

それは、博物館のオフィスのある建物の中で、案内してくれた学芸員のシェラツカさんのＩＤカードがなければ自由に出入りできない。ガイドのＷさんもこの部屋のことはまったく知らなかったという。展示室というよりは資料室のような、殺風景《さっぷうけい》な細長い部屋の壁に、二十枚ほどの絵がかかっていて、ほかに展示ケースが数個あるだけだった。

「ここで描かれた絵の多くは、《美術工房》にいた画家やペンキ屋、美術の教師などの専門家が描いたものです。大きく分けると二種類の絵があります。一つが、ナチスのゲシュタポの幹部たちが注文して描かせた絵ですね。多分、彼らが持っていた絵はがきや画集などを手本に描かせたのでしょう。ドイツの有名な画家の描いた風景画の模写がいくつもあります。貴族たちの狩猟や野営の場面を描いた絵が多いですが、幹部たちが自分の部屋に飾って楽しむために描かせたのです。

肖像画は、幹部自身あるいは彼らの妻や娘ですね。自分の肖像は留守宅に送ろうとしたのでしょう。妻や娘の絵は、持っている写真を見せて、同じように描けと言ったのだと思います。彼らはみな収容者に対しては残虐な人たちでしたが、家族に対しては、普通の優しい人だったということなのでしょうね、大事に持っていたのです。こういう絵を頼むときには、パンや煙草《たばこ》、ときには肉の缶詰やバターなどをもらえるので、画家たちにとっては、ありがたい仕事だったそうです。

もう一種類の絵は……」

とシェラツカさんが話すのをわたしは遮《さえぎ》った。

「わたし、こういう絵を見たことがあります。イスラエルのヤド・ヴァシェムで」と。どうしても、語りたいことがあった。

一九九〇年、わたしはE・ルーリエという女流画家の数枚の肖像画を見たことがあった。胸に《ダビデの星》をつけた少女、眼鏡をかけた痩《や》せた老人、そしてナチスの制服を着た若者、制帽をかぶって少し斜めを向いたハンサムな青年……。

ヤド・ヴァシェムの学芸員が説明してくれた。

「この画家は生き残りました。今も、この街に住んでいます。戦争が始まる前に、家族でこの国に入植していたのですが、大きな美術展に入賞して、ベルギーに留学、戦争が始まって帰れないままユダヤ人狩りにあって収容所へ送られたのです。本当に絵が上手で、多くのドイツ兵たちが肖像画を頼みに来たのだそうです。彼らはパンを持って来ました。ソーセージやバターももらったでしょう。ときには仕事をしないで暖かい部屋で写生をしたのだそうです。毎日毎日、誰かが頼みに来るほど人気だったそうです。

彼女は、彼らからもらったパンを仲間に分けてあげ、彼らのくれた紙で仲間の肖像を描いてあげたりしたのだそうですよ。戦争が終わって、ここに帰ってきたころは、そんなエピソードが美談として伝えられていたのです。でも、いつの間にか、彼女への評価が、ナチスから特別待遇を受けていた裏切者に変わってしまったのです。一人だけいい思いをして助かった……と。それ以来、彼女は人前に出なくなりました。美術界では高い評価があったのですが、今は沈黙を守っています」

わたしは、二十年以上も前に聞いて、以来ずっと記憶の中から消えないでいた、ルーリエという女流画家の話をした。

「そう、ここアウシュヴィッツでも、《工房》の画家たちは、それなりに優遇されていた面があります。それは事実でしょう、真冬の凍《こご》えるような日にも、とりあえずは建物の中にいられたのですから。でも、彼らは、それでいいと思ってはいなかったのですよ。命令されるままに絵を描いていれば楽だけど、それでは嫌だ。彼らは、そんな絵だけじゃなくて本当の絵を描こう、ここで行われている事実をちゃんと描き残そうと、命がけで頑張ったのですよ。そうして描かれたのが、この後に続くもう一種類の絵です」

幾枚か見たことのある絵があった。コシチェルニャックの絵もあった。

「これにも二種類の絵があります。ここで行われているナチスや、彼らの片腕として働く《カポ》たちの残虐な行為。毎日毎日、労働から帰ってくる行列の前には、溢《あふ》れるほどたくさんの死体が積み上げられた荷車がありました。そして、疲れきって帰ってきた人たちを待っている長時間に及ぶ点呼。《工房》の画家たちは、それを描きたいと思ったのです、描かなければならないと思ったのでしょう。でも、こういう絵を描くことは危険なことです。みな仕事の合間にこっそり描いて、それは、壁の煉瓦《れんが》を外した穴に隠していたのです。

このあたりにあるのはきれいな絵です。ミチコ、あなたは《コンサート》という絵の一つを持っているのでしょう」

「ええ、コシチェルニャックさんが、バイオリンを弾いている絵です。奥様から聞きましたが、彼は楽器をまったくできなかったし、もちろん、アウシュヴィッツのオーケストラには入っていなかった。でも、顔は彼なのです。こちらの絵、このピアノを弾いている人

ミエティスワフ・コシチェルニャックが描いた《コンサート》。真ん中でバイオリンを弾いている人物がコシチェルニャックだという。レジスタンスの仲間にとっては、絵は大事な通信手段になっていた

は、彼の親友の姿なのだって聞きました」

それは、エッチングのような、細い線で描いた絵をプリントしたようなもので（実際には、拾ったトタン板に釘で絵を描き、《工房》にあった黒いインクで刷《す》ったものだと、夫人から聞いていた）、ピアニストを囲んで、あの、多くの写真で見慣れた収容者の制服である太い縦縞の上着を着た数人の人を描いたものだった。

アウシュヴィッツにオーケストラがあったことは知っていた。労働に向かう収容者の列を見送るときと、疲れ果てて戻ってきたときの点呼の際に、広場で演奏があった。その写真を見たこともあったし、十数年前から、アウシュヴィッツに限らず、ほかの収容所の中でオーケストラの一員だった人が書いた本が何冊も出版され、それらを読んでいた。

《コンサート》という絵は美しく静かな安らぎを感じさせる絵だった。収容所の中でも、こんな時間を過ごすことができたのか……演奏させられたのは、多くの場合ドイツ人作曲家の、勇ましく、聴く人の心を鼓舞するような行進曲だったと読んでいたが、その絵から伝わってくるのは、激しい音ではなく、静謐《せいひつ》ともいえるような雰囲気だった。

「こういう絵は地下組織を通して収容所の外へ持ち出されました。これを見れば、ああ、コシチェルニャックは元気でいるのだな、ああ、あの人も……、と分かるわけで、彼ら、レジスタンスの仲間にとっては大事な通信だったのですよ。

そんなことを知らないナチスは、こういうきれいな絵を描いているのは問題にしなかったのです。しかも収容者が音楽を楽しんでいる光景ですから、もし、この絵が外部に流れても、まったく困らない、いや、それどころか、収容者が楽器を奏《かな》でたり、絵を描いたりしている……アウシュヴィッツはいいところなのだっていうPRになるわけで、《工房》の画材を使っていいようが、勝手に描いていいようが、大目に見ていたのです。このために描かれた絵もいろいろありますよ」

収容所では、ナチスが偶像崇拝を嫌っていたため、一切の祈りの場を認めていなかった。毎日の生活がつらければつらいほど、収容者たちは神の存在を願う。拾った板切れに釘で彫ったキリスト像、針金を束ねてつくった十字架……そんなものが、あちらこちらの収容所で見つかったという話は知っていた。

わたしが入手した絵の中には、これもエッチングで刷った小さな《聖母子像》がある。

「夫は、聖母子像としてつくったのだと言っていました。でも聖母子像を持っているのが見つかったら処罰されますから、これは《赤ちゃん誕生》という題になっていたのです」と、コシチェルニャックの妻ウルシュラは言った。両親が、赤ん坊の誕生を祝っているような絵柄だ。

「彼ら画家たちがいちばん描きたかった、描かずにはいられなかったのは、収容所の実態です。これは、描いていたのが見つかれば処罰されました。

テレジンの《工房》にいた有名な画家が、死体の山や、処刑の場面を描いていた絵が見つかって、アウシュヴィッツへ送られてガス室で殺されたそうです。知っていますか」とシェラツカさんが聞いた。

聞かれなくても話したかった。テレジンの子どもたちの絵に関わるようになって数年したころ見つけた一冊の絵本『トミーが三歳になった日』（横山和子訳、ほるぷ出版）は、わたしの大事な本の一つだった。それはベジュリフ・フリッター——アウシュヴィッツで処刑された画家の作品だ。

ぷっくら太った頰《ほお》をした幼い子どもが、これもぷっくらしたお尻を出して、窓から外を眺めている表紙の絵。その窓にはガラスがなく、もちろんカーテンもない。外に見える煉瓦の積み重なった景色——どこかで見たような、と最初に見たときに思った——は、テレジン収容所の壁だ。そして、幼い子どもが裸足《はだし》で立っているのは、大きく名前が書かれたトランクの上。このトランクにも見覚えがある。アウシュヴィッツ博物館の大きな部屋の半分を占めるガラス・ケースの中に無造作に積み上げられている無数の——だが、説明文によれば「ここに残されていた遺品の一部」に過ぎない——トランクと同じものだ。

「一九四四年一月二十二日　テレジンにて　トミーちゃんへ」、というチェコ語の文字で始まる絵本。

この日、三歳の誕生日をテレジン収容所で迎える我が子には、三本のローソクを立てたバースデーケーキをあげることができない。たくさんの友だちからのお祝いの言葉も歌もなければ、プレゼント一つもない。でも、それは違うんだよ。本当なら、三歳の誕生日は、美味《おい》しいもの、きれいなものが溢れ、大好きな人たちの笑顔に囲まれるものなんだよと教えてあげたい……ベジュリフ・フリッタが、《工房》にある紙や絵の具を使って、暗い部屋の片隅でこっそり描いた絵、トミーが見たことがないケーキやミルクやチョコレート、もしかしたら、トミーが一生見ることがないかもしれない牛や羊、美しい花。

ドイツ兵に見つからないよう部屋の壁の穴に隠してあった絵は、奇跡的に残った。見つけたのは、同じとき、同じテレジンの《工房》で仕事として絵を描いていたレオ・ハースだった。のちにトミーの養父となった彼が、それをまとめ、素晴らしい文章をつけて本になったのだ。

その絵本のあとがきには、レオ・ハースの「収容所の日々」と、彼に助けられて生きのびたが、「……精神科医も、友人も、だれひとりとして」救えなかったほど苦しい日々を過ごし四十歳になったトミーことトーマス・フリッタ・ハースの「思い出」が載っていた。

もう親が本を読んであげる年齢を越していた娘たちに見せながら、わたしは何度も泣いた……明るく楽しい絵ばかりなのに、これほど泣いた本はない。

どこの収容所でも、人々は絵を描いていたのだ。決して上手な絵ばかりではない。《工房》にいた画家や画学生の絵だけでなく、紙切れに鉛筆の細い線だけで死体らしき姿を描いたものや、絞首台に吊《つ》られた人を描いたものなど稚拙《ちせつ》な絵もある。上手下手に関係なく、ドイツ兵に見つかれば処罰された——処罰は、ほとんどの場合、死を意味する。それでも、人は絵を描いたのだ、命がけで。

だからこそ、残された絵は貴重だ。

3　失明の恐怖

一九九五年、アウシュヴィッツ解放五十周年を記念して、ほるぷ出版が『写真記録アウシュヴィッツ』（以下、『写真記録』）の出版を企画したとき、わたしは、その構成、資料収集、解説執筆を依頼された。

アウシュヴィッツ博物館、ヤド・ヴァシェム、ワシントン・ホロコースト・ミュージアムをはじめ、各国の資料館、博物館を回り、膨大な量の資料を見せてもらった。まだ、どこも資料のデータ化はできていない時期だった。

ヤド・ヴァシェムでは、わたしが申請すると、《ゲットー》《移送》などのテーマ別に分けられた大きな箱を三つ、四つ重ねて運んできてくれる。小さなものから大きなものまで、すでに茶色く褪色《たいしょく》しているものもあれば、端が破れているものもあり、本当にさまざまな、種々雑多とさえ言いたいような状態の写真が、一応、番号をつけて並んでいるのだった。

それを一枚一枚眺めて、必要な写真の番号をメモし、そのリストを提出すれば、何日後かに、焼き増ししたものを日本に送ってくれるというのだ。三日間の予定で行ったヤド・ヴァシェムでは、「全部見ようと思ったら、一か月は滞在しなければ無理」と言われたほどの量だった。

だが、そのほとんどは、それらの行為がなされている最中にドイツ軍が撮ったもの、あるいは、収容所を解放した連合軍が資料として、情報として撮ったものであって、収容所に送られ、犠牲になった人たちが撮った写真ではなかった。

ゲットーの写真はワルシャワのものが多かった。家を追われ、街を追われ、ゲットーへ移るユダヤ人の群れ、大きな荷物を背に負った老人や、荷物を積んだ荷車を押す若者、自分たちが閉じ込められる囲いの塀をつくる人々から始まって、道端に座り込んでいる痩せた子ども、転がっている死体、その横を無感動に歩き過ぎる人、食べ物を乞《こ》う人、明らかに精神を病んでいることが分かる女性、そして、ユダヤ人たちが最後の抵抗に出たゲットー蜂起《ほうき》、銃を撃つドイツ兵、火を放つドイツ兵、燃える建物の窓から飛び降りる人の姿……

膨大な量の写真を見た。

「ナチス・ドイツが戦争に勝利し、《ユダヤ人絶滅》という野望を達成したあかつきに、世界に自慢するために撮ったもので、ドイツの誇る機材を使って、本当にたくさんあります」と、学芸員が説明してくれた。

ゲットーや《水晶の夜《クリスタルナハト》》（一九三八年十一月九〜十日、ドイツをはじめ近隣の各地で起こったユダヤ人迫害のこと。多くの店のガラスが割られ、その破片が月明かりで輝いていたことから「水晶の夜」と呼ばれる）にくらべ、収容所の内部の写真は意外なほど少なかった。アウシュヴィッツの《ARBEIT MACHT FREI》（働けば自由になれる）という看板を掲げた門、その脇で楽器を演奏する収容者、無数の丸刈り頭が並んで点呼を受けている場面、銃殺の壁の前に転がっている全裸の死体……四年数か月の間に、百五十万人もの人が殺された場所にしては、その写真はあまりにも少ない、というのが、そのときのわたしの思いだった。だが、同時に気づいたのは、多くの人の命を奪ったのは、アウシュヴィッツだけではなかったという事実だった。名も知らなかった収容所のものもあったのだ。

驚いたのは解放された後の写真、これは大量にあった。連合軍のカメラマン、すぐに取材に入った報道関係者が撮影したもので、多くが、アメリカ軍、イギリス軍が解放したベルゲン・ベルゼンや、ダッハウ、ブーヘンヴァルト収容所の写真で、ソ連軍が解放したテレジンやアウシュヴィッツのものは少なかった。

ミュンヘンや、ニュルンベルクなどの街では、四年以上もの間、すぐ近くに住みながら、そこで行われていた殺戮《さつりく》の事実どころか、収容所の存在すら黙殺《もくさつ》していたドイツ人住民たちを集めて、死体の片づけをやらせている光景、並べられた死体の間を歩かせている光景などの写真も多くあった。目をそむけ、下を向いて歩くドイツ人に、「この事実を知らなかったはずはないだろう？」と罵声《ばせい》が飛んだという解説もあった。

そんな写真だけで、『写真記録』のすべてのページを埋めることが嫌だった。すべて強者の目線だ。迫害する人、圧倒的な強さで弱者の上に君臨する人……。それは違うだろうという思いが強かった。故《ゆえ》のない迫害を受けていた人の、殴られ蹴られ、泥濘《でいねい》の中に転んでいる人の、棍棒《こんぼう》で追い立てられながらガス室への道をたどる人の、そんな人々の目に映ったものがなければならないという気がしたのだ。

そう考え、迷い、悩んだ末に知ったのが、収容所にいた画家たちの存在だった。コシチェルニャック、ベジュリフ・フリッタ、レオ・ハース、ヴィンセンティ・ガウロン、ヤン・コムスキーなどを知った。

特に興味を引かれたのはコシチェルニャックだった。いくつかの本を見て、いちばん多くの絵があったのが彼だった。しかも、その絵が素晴らしかった。木炭のような太い柔らかい線で、蹲《うずくま》る痩せ細った老人の裸体を描いたものもあれば、細いペン先の無数の線で、同じように痩せた男たちの群れを描いたもの、写真のように正確に、点呼を受ける収容者たちの姿を描いたものもあった。肩を丸める男、寸法が合わないズボンから細い脚が見えている男、そして、鞭《むち》を持って傲然《ごうぜん》と立つドイツ兵の着たコートの先が翻《ひるがえ》って……凍えるような北風の吹く夜だったのだろう、見ているわたしまで寒さを感じてしまうような絵だった。

早速アウシュヴィッツ博物館に対し、彼らの絵を『写真記録』に掲載させてほしいという依頼状を出した。うち三人については、「本人は死んでしまったが、彼らの絵を日本で紹介してもらえるのはありがたい」という親族の意を博物館がまとめて、一定額の使用料を支払えば使用を許可するという手紙が送られてきた。

しばらくして二通の手紙が届いた。一通は、ポーランド語で、ウルシュラ・コシチェルニャックから、もう一通は、アメリカのヤン・コムスキーからだった。

ポーランド語の読めないわたしは、『テレジン収容所の幼い画家たち展』を通して知り合った、東京に住むポーランド人、Eさんに頼んで読んでもらった。コシチェルニャックは少し前に亡くなったということだった。

——夫の作品はたくさんあり、まだ整理がつかずにいます。どれも、彼が命をかけて描き残そうとした作品です。その絵を本に掲載してくださるのはとても嬉《うれ》しく思います。夫が元気だったころに、彼の美術館をつくるという話があったのですが、その話が進展しないまま亡くなりました。今、わたしはこんなたくさんの絵だけ残されて、どうやって生きていこうか悩んでいます。

改革直後に来日したEさんは、「今のポーランドは、まだ経済状態が安定せず、個人の美術館より先に解決しなければならないことが山積しているから、仕方ないでしょうね。今回、日本で彼の絵を載せてもらえるのはとても嬉しかったようです。使用料も払ってくださるから余計に……。改革で、自由は得られたけれど、生活が苦しくなった人はたくさんいるのです。夫人の窮状《きゅうじょう》は推察できます」と言った。

ヤン・コムスキーは、解放されたのち故国を離れてアメリカへ移住。その後、『ワシントン・ポスト』に勤めながら、アウシュヴィッツの絵を描き続けており、自分の絵が、日本で出版される本に使われるのは嬉しいと、まるでレタリングのように整った美しい筆跡で書かれた手紙と、こちらも何十枚もの絵のコピーを送ってくれた。

『写真記録アウシュヴィッツ』（全六巻）は、アウシュヴィッツ収容所が解放された一月二十七日より少し遅れていたが、ちょうど五十年過ぎた一九九五年三月に出版された。

いくつもの新聞が大きく取り上げてくれた……それは嬉しかったが、実は、わたし自身は、その日を病院のベッドの上で迎えていた。どこも痛くも苦しくもなかったが、ステロイドの大量投与の後で、顔はまん丸にむくんで、免疫力が落ちているため、面会も制限される特別室にいた。

サルコイドーシス――聞いたこともない病名だった。医師の説明でも、書店で立ち読みした医学事典の記事でも、肺と心臓と目に病変が出て、失明の危険性があり、急激な心臓発作で死に至ることもあるという程度のことしか理解できなかった。原因が分からず、そのために、現在は治療法も分からないために、難病指定されているということだった。

その前年、編集作業の最も忙しい時期に、突然、本当に突然、何の前触れもなしにいきなり目が見えなくなったのだった。幸いに、飛び込んだ眼科医が、その場で大学病院に回してくれ、ステロイドの眼球注射をする（これが、精神的にかなりのダメージになるほど恐ろしい体験だったのだが）ことで失明は免《まぬか》れ、校了の時期までは入院を待ってもらっていたのだった。

「毎日、そんな死体の写真ばかり見ていたら、病気になりますよ。ほとんどの病気はストレスによって起こるとも言えるのだから」と医師は言ったが、編集の日々は、死体の写真や絵はもちろん、障害者を殺した《安楽死》や、大きな穴の前に人々を並ばせての銃殺や、ガス室や……虐殺や殺戮の資料を読み、書くことの連続だった。

つらかった。そんな写真を選び、説明を書きながら、また目が見えなくなるのではないかという恐怖がいつもあった。

そして、これが、最後の仕事になるのかなという不安もあった。

一九九一年、全国巡回展をして終了しようと考えていた『テレジン収容所の幼い画家たち展』は、反響が大きく、原画をチェコに返却した後も、レプリカのパネル展が続いていた。幸運にも会うことができた生還者《サバイバー》たちとの文通も続いていた。彼らから聞いた話は、二冊の本にまとめ出版していたが、まだまだ書き足らなかった。もっと書きたいことがあるのに……もうできないかもしれない。

正直なところ、まだ自分の病気を受け入れられずにいた。「齢《とし》のせい」「太ったせい」と考えていた息切れが、病気による肺の一部線維化によるものと言われた途端に、ひどくつらいものになっていた。あのとき、目の前が真っ暗になって、向かっていたワープロの画面もキーボードも、すぐ横にあるはずの書棚の本も、何もかもがまったく見えなくなるという体験をしていたが、「またまた目の前が真っ暗……」などと無理に冗談を言いながら、笑えずにいる自分が情けなくなっていた。

「野村さん、万歳。『テレジンの小さな画家たち』が、産経児童出版文化賞大賞に決まりました」。出版元の偕成社の編集者Aさんから、大きな太いサインペンで書かれたファクスが届いたのは、そんな落ち込んでいた日だった。それで、わたしは立ち直れたのだと今も思っている。

「あのテレジンの子どもたちが助けてくれるわよ。だから、あなたは大丈夫」

発病を伝えたときにそう言ってくれたのも、Aさんだった。「一万五千人の子どもたちが生きられなかった年月を、あなたは全部もらって生きられるはずよ」と。

4　M・コシチェルニャックとJ・コムスキー

ステロイドを使えば対症療法はできる——そう言われて退院したわたしを待っていたのは、ウルシュラ・コシチェルニャック夫人と、ヤン・コムスキーからの礼状だった。出版社は、すでに、写真や資料や絵を提供してくれた博物館や資料館、そして個人に、完成した『写真記録』を送っていた。

ウルシュラ夫人は、夫の絵が、立派な本の中に納められたことに感謝し、夫が見たら、どんなに喜んだだろうというお礼の言葉とともに、ぜひ見てほしいと絵の写真が数枚入っていた。どれも素晴らしい絵だった。

その中には、コルベ神父の姿があった。木炭なのか黒だけで描かれた絵だった。有刺鉄線の向こうに蹲る、あの収容者の制服、縦縞の上下を着たコルベ神父は、真っすぐにこちらを見ていた。「お前はそこで何をしているのだ？」と、わたしの心の奥底に向かって問いかけているような目、鋭さと優しさ、その正反対なものを併せ持っているような視線に、わたしはたじろいだ。

ワルシャワでもクラクフでも、ポーランドでは教会に行くと必ずと言えるほどコルベ神父の姿があった。修道士の服装のもの、アウシュヴィッツの収容者の制服のもの、若々しい表情の肖像画もあれば、少し前かがみの衰えの見える立ち姿も、本当にさまざまなものがあった。

カトリック教徒の多いポーランドでは、コルベ神父は「尊敬され、親しまれ、愛されている」最も有名な人の一人だが、日本人にも、よく知られた存在だ。アウシュヴィッツを訪れる日本人見学者の中には、彼の最期の部屋となった《餓死室》の鉄格子の前に跪《ひざまず》き祈る人も多いと、ガイドから聞いたことがある。

「あのとき、ポーランドに帰らなければ……」と語ってくれたのは、長崎市にある「聖母の騎士教会」のK神父だった。そう、コルベ神父は、ヒトラーが政権を握り、ヨーロッパに戦争の嵐が吹き荒れるようになる一九三三年からの数年を日本の長崎で過ごしていたのだ。

三六年、宗派の会議のために故国ポーランドへ帰国。その後、第二次大戦が始まって、「きっと帰ってきます」という日本の信者への約束を果たせぬまま、四一年には、ナチスに捕らえられアウシュヴィッツへ送られたのだった。ナチスの暴虐に反対し、故国を守ろうとする《抵抗勢力》の仲間という罪状だった。

送られたアウシュヴィッツで、耐えがたい飢餓と過酷な労働に追われる日々、そして、ある日、同じ収容棟から脱走者が出る。

怒りに燃えた収容所長は、代わりに十人の収容者を殺すと宣告、気まぐれのように犠牲者を選び出した。

「コシチェルニャックさんは、コルベ神父と信頼し合う友人だったようです。神父が、ほ

コシチェルニャックが描いたコルベ神父の絵

かの収容者の身代わりを申し出たときにそばにいて、自分は足が震えて前へ出られなかったと、生涯、悔いていたのだそうです」

夫人からの手紙を訳していたEさんは、興奮しているような口調でそう語った。

わたしは、それまでに何回か訪れたアウシュヴィッツで、コルベ神父が殺された《餓死室》と呼ばれる処刑のための部屋を見ていた。

十一号館の地下、そこには、九十センチ四方、身動きもできないようなコンクリートの狭い空間に、人を立ったまま閉じ込めた《直立房》や、主として政治犯を死に至らしめた、真っ暗闇の小さな部屋で酸欠状態にする懲罰施設など、ガイドの説明に耳をふさぎたくなるような牢がいくつもあった。

その中に、扉代わりの鉄柵に炎をかたどった飾りのある小さな部屋がある。狭い部屋の中央には、いつも大きな蠟燭《ろうそく》と花が置かれている。そこが、コルベ神父の亡くなった部屋なのだった。

コシチェルニャックの絵では、数人の仲間の中で祈りをささげる神父、ナチスの兵士から注射(最後まで生きていた神父にフェノールを注射して殺したのだという)される神父、床に倒れる神父の姿が、淡《あわ》い水彩で描かれていた。

——夫は、コルベ神父と同じ部屋にいて親しくしていたそうです。偶像崇拝を許さず、祈りの場を与えられなかった収容所の中で、夫はひそかに仲間を集めて、神父の話を聞いていました。そんなあるとき、神父が言ったのだそうです。「わたしはここで死に、その灰はどこかに撒《ま》かれるだろうが、あなたは生き残って、ここで行われていた暴虐の事実、犠牲になった人々のことを、後世の人に伝えなければならない」と。

夫は、それが神父の遺言だったと考えていました。だから、アウシュヴィッツからドイツへ、そしてオーストリアのエーベンゼー収容所までの長くつらい移送、《死の行進》で、次々と多くの人が倒れ、亡くなる中、「生きねば」「生きのびねば」と、その思いだけで必死で命をつないだのだそうです。その後も、「神父のためにも、わたしは生きて、あそこの絵を描き続けなければならないのだ」と繰り返し言っていました。

だから、解放されて間もなく絵を描く機会を得たときに、神父の姿を描いたのだと思います——。

夫人の手紙には、そう書いてあった。

一方、コムスキーからの手紙には、「アーリントンにおいでください」と書かれ、こちらも数枚のペン画のコピーが入っていた。

――わたしは、解放されてからずっとアウシュヴィッツの絵を描き続けています。幸い、アメリカではその絵が評価されて、各地で展覧会を開いています。当時のこともいろいろお話しできます。戦後になって描いた絵をぜひ見ていただきたいと思います――。

一九九三年、アメリカのワシントンに「国立ホロコースト博物館」ができ、そこには《Remember the Children》(子どもたちの運命を忘れるな)というギャラリーがあることは聞いていた。行きたいと思いながら、『写真記録』の編集、病気と続いて、まだ行く機会を得られずにいた。

アーリントンはワシントンＤＣだ。博物館とコムスキー、二つの目的があるのだから無理をしてでも行こう……。

彼との出会いも、わたしには大きなものとなった。アーリントンの静かな住宅街、街路樹のハナミズキは薄紅色の花が満開だった。瀟洒《しょうしゃ》な美しい家だった。玄関を入ると、正面の白い壁に描かれた絵が迎えてくれた。

色鮮やかな刺繍《ししゅう》のある民族衣装を着た少女たちが、緑の草の上で踊っている絵だった。「故郷、ポーランドの田舎の風景だそうです。わたしに見せてあげたいからと、この家を建てたときに、夫が何日もかけて描いたのですよ」と夫人が言った。

通された二階の客間にも、何枚もの花や生物の絵が飾られていた。コムスキーは濃い茶色のスーツにえんじ色のネクタイ、夫人は黒いワンピース、真っ白いレースのクロスをかけたティー・テーブル、そこに並ぶ花柄のティー・セット、夫人の手作りだというクッキー、何もかもが、上品な家庭が客を迎える「お茶の時間」のもてなしだった。

『写真記録』に掲載した絵や、先日送られてきた絵の、あの収容所の悲惨な光景を想像することが難しい。「アウシュヴィッツの……」と話を切り出すには躊躇いがあった。

ポトマック川の畔《ほとり》に咲く、日本から贈られた桜の話、アメリカでも上映された日本の映画の話、そして、一度だけ行ったことがあるという日本の思い出、コムスキーは静かに話し、夫人はほほ笑みながら、紅茶のお代わりをいれていた。「仕事の出張でしたから、遊ぶ暇はありませんでした。でも、相手の会社から贈られた人形は今も大事にしていますよ」

夫人に指さされて振り向くと、棚の上に、ガラスのケースに入った藤娘の人形があった。

「ああ、藤娘……藤の花《ウィスタリア》はこちらでも咲きますか」

いつ、どう話を始めようか躊躇しながら、彼の話に相槌《あいづち》を打つだけだったわたしは、やっと会話に入れたような思いだった。男性の歌舞伎役者の舞う藤娘がとても美しいことを、わたしは話した。日本では、畳の部屋に座ってスキヤキを食べたこと、夫人へのお土産《みやげ》に珊瑚《コーラル》のブローチを買ったこと……コムスキーは静かに話を続ける……静かな時間が流れていた。


「アトリエにご案内するのでしょ」夫人の言葉で、会話が途絶えた。

アトリエは一階にあった。先ほどまでの客間の半分ほどの広さ、油絵の具の匂いのする部屋には、数十枚ものキャンバスが立てかけてあり、イーゼルには描きかけの絵があった。四囲《しい》の壁にかけられた絵も、ここにあるものはすべて、収容所、彼が一九四〇年から四年数か月を過ごしたアウシュヴィッツの絵だった。

白と青の縦縞の服を着た男たち、シャベルを担いで《ARBEIT MACHT FREI》の文字

ヤン・コムスキーが描いた収容所の光景。左手前に「Kapo（カポ）」の腕章をした人物も描かれている

の看板の下を行く人、倒れた仲間を助け起こそうとする人、ごみ箱の中にかがんで食べ物をあさっている人、有刺鉄線に身を投げて死んだ人、《銃殺の壁》の前に全裸で並ぶ人、彼らに銃を向ける外套《がいとう》姿の人、後ろ手に括《くく》られて梁《はり》から吊るされている人、人、人。

ついさっきまでの、二階の客間での静かさが嘘《うそ》のように、ここでは、大勢の人の声が聞こえていた。ささやき、すすり泣き、苦痛にうめく声、怒りの叫び、呪詛《じゅそ》の声も聞こえた。イーゼルに立てかけてあるのは、解放の瞬間なのか、鉤《かぎ》十字の旗を踏む鉄兜《てつかぶと》の兵士と抱き合っている収容者の姿を描いたものだった。

「あれから五十年以上、わたしはずっと描き続けています」と彼は言った。さっきまでと変わらぬ静かな声だった。

「みんな殺されました。わたしは幸いにも生き残ることができた。生きているのだから、彼らのことを描いておかなければならない。彼らの生きた証拠を、せめて、わたしの絵の中にとどめておいてあげたいと思っているのですよ。

この絵を見てください。みんな仲間でした。今も、みんなの名前を言えますよ。彼らは写真一枚残っていない、でも、生きています、わたしの絵の中ではね。この端にいるのが

《カポ》です。残虐な男でね、この人も、この人も、この《カポ》に殺されたのです」

絵の中のいくつかの顔を彼は指さした。写真のようにリアルな絵だった。上半身裸の人がいて、肋骨《ろっこつ》の浮き出ている様子まで描かれていた。

「これは懲罰の場面です。わたしも吊るされました。この懲罰は、本当につらかったです。十時間とか、八時間とか言われるのです。だけど、毎日、決められた労働がありますから、そっちへ行かなくてはならない。作業から帰って来てから吊るされるのです。一日に二時間、それが四日とか五日とか続けてやらされるのです。この罰のおかげで、今でも肩から腕が痛いのですよ。

何か悪いことをしたかって？　そうですね、規則違反、決められた規則を守らなかったのですよ。収容所では、どんなときでもドイツ兵を見たら帽子をとらなければいけないのですが、わたしは、気づいていてもわざと知らぬ顔をした……ほかにもいろいろね。そのために殴られたことが何回もありますよ。

わたしは、わざと規則違反をしました。罰を受けながら、心の中で怒りを燃え上がらせていたのです。それが生きる力になった。負けないぞ、きっといつか仕返ししてやるぞって、思っていました」

コムスキーの顔が紅潮していた。静かな声は変わらなかったが、口調は怒りで激しくなっていた。

「いや、暴力による仕返しはしませんでしたよ。解放直後に、《カポ》を袋叩《だた》きにしたという話はたくさんあります。でも、わたしはしなかった。暴力の代わりに、絵を描いているのです」

彼は、何枚ものキャンバスを出して、説明してくれた。解放された後、故国ポーランドを離れてアメリカに移住、『ワシントン・ポスト』に勤めた。もともと美術学校を出ていたので、デザインルームでの仕事につくことができ、描いている絵も評価されて、各地で展覧会が開かれるようになったのだという。

「そろそろお茶にしませんか、お客さまはお疲れでしょ」夫人が、階段の途中まで下りてきて声をかけてくれた。

「妻はここへは来ません。見たくないと言います。

実は彼女も生還者《サバイバー》なのですよ。でも、あのころの話は一切しません。したくないと言うのです。それでいいとわたしは思っています。わたしは、描きたいし話したい。でも、それが嫌な人もいるのです……どちらもつらいのですよ」

そんな出会いがあって、結局わたしは、コシチェルニャックとコムスキーの二人の画集を、日本で出版した。

コシチェルニャックの場合は、ウルシュラ夫人からの繰り返しの懇願に応えて、十九点の絵も買い取った。コルベ神父の姿を描いたもののほかに、アウシュヴィッツで、ドイツ兵に見つかっても大丈夫のように美しい絵にして、レジスタンスの仲間に無事を伝えた絵などがあった。

その中には、解放された直後に、救出してくれたアメリカ軍最高司令官だったアイゼンハワーと、パットン将軍の肖像を描いた、歴史的に貴重なものもあった。

あまりきれいではない——おそらく、やっと手にすることができた紙だったのだろう——紙に鉛筆で描いた横顔、描いた後、畳《たた》んでポケットにでも入れていたのか、折った痕《あと》が残っている。その後、アメリカの大統領になったアイゼンハワーは、生前、誰かが自分の顔をスケッチしたと語ったことがあったという話を、アウシュヴィッツの学芸員から聞いたことがある。

コムスキーは、ペン画のコピーを二十八枚も送ってきた。朝の点呼、労働の現場、そこでの《カポ》の暴虐、荷車いっぱいに死体を積んで労働から帰る人、三段ベッドがいっぱいでコンクリートの床に寝る人々など、どれも、周りの風景はもちろん、人々の表情まで写真のように精密に描かれている。

コシチェルニャックが解放直後に描いたアイゼンハワー司令官とパットン将軍の肖像

――このわたしの絵が、日本の若者に、人種差別や戦争など、人間の犯してしまう愚かな行為の実態を伝え、《Never Again》を考えてくれるきっかけになれるなら利用してください――という意を受けて、コシチェルニャックの絵とともに、コムスキーのコピーもパネルにして展覧会を開いた。

あの地獄といわれるアウシュヴィッツ収容所での二十四時間、それが繰り返されていた三百六十五日……写真よりもリアルに事実を伝える彼の絵は、コシチェルニャックの絵の与える感動とは違う、強い衝撃を多くの見学者に与えたようだった。

コムスキーとはクリスマスカードの交換が続いていたが、数年たって、見慣れた美しい彼の筆跡ではなく、《Jan died》と書かれたカードが届いた。

一九九五年、アウシュヴィッツ解放五十周年のときに知った、絵を描いていた収容者たちはもういなくなってしまった……でも、絵は残っている、これから先も。

ヤン・コムスキー。手にしているのは後ろ手に縛られ吊るされる懲罰を描いた絵（1995 年、アメリカの彼の自宅にて）

第三章

犠牲者の名前

1　アウシュヴィッツ

アウシュヴィッツ——ここには、今、五十六棟の建物が残されている。ほとんどが煉瓦《れんが》造りの二階建てだが、《厨房棟《ちゅうぼうとう》》の建物は木造だ。
この第一収容所アウシュヴィッツと、第二収容所ビルケナウを合わせてアウシュヴィッツ＝ビルケナウ国立博物館というのだが、すべての建物が公開されているのかどうかわたしは知らないし、もちろん、入ったことのない建物も多い。

あれは、一九九九年の、テレビ番組のロケのときだった。何号棟だったか、入り口のあたりに白い花が咲いていた。

「ここは今、きれいな場所に見えると思います。煉瓦の建物が並び、白く乾いた道にポプラ並木の濃い影が落ち、そこには花が咲いています」と、わたしはカメラの前で話した。

「ここが収容所だったとき、花が咲くことなどなかったと言われています。草も生えなかったと……。でも、実際には草が芽を出すことはあったのです。春になって、小さな草の芽が出ると、見つけた人は、それを摘《つ》んで食べてしまった。葉を伸ばし、花が咲くまで待てなかったのです」

あの日、その後に行ったビルケナウでは、草が猛々《たけだけ》しいほどに濃い緑で茂っていた。名を知らぬ白や紫の花が咲いていたのを思い出す。ここが、どういうところか何も知らないで見れば、美しい風景ではあったのだ。

「維持管理が本当に大変なのです」と、博物館のガイドから聞いたことがある。建物の周りに生える草は、夏には放っておけば伸びるので、始終刈らねばならない。職員だけでは間に合わず、草刈りや掃除のために、世界中からたくさんのボランティアが来ているのだそうだ。「ここは博物館ですが、同時に、犠牲になった方々のお墓でもあるわけですから……。いつも心を込めて草取りをしている人がいるのです」と、ガイドは語っていた。

解放四十周年のころには、施設はどこも劣化が激しくて、今後、維持できるかどうか論議するほど大変だったようだ。建物の壁も落ち、あの電流の流れていた有刺鉄線などもかなり傷《いた》んで、支柱が倒れそうになっていた。そのころ、アメリカから訪れたユダヤの企業家が、このままにしておいてはいけないと財政援助を呼び掛けて、修復が始まったという。その後、一九九〇年に東西ドイツが一つになって、資金援助が決まった。ドイツが、自分たちが生み出してしまった収容所は、負の遺産だけれど、しっかり残していかなければいけないという考えをきちんと表明したので、その思いに動かされた世界中の国々が協力するようになったのだ。

この地獄をつくったヒトラーのドイツと、自分たちの同胞から多くの犠牲者を出したユダヤ人が一緒になって、ここを「遺産」として守っていることに、わたしは感動した。

わたしが初めてここを訪れた八九年当時は暖房装置なんかなかった。建物の中でも寒くて、手がかじかんでメモも取れない、正直、早く出たいと思うほどつらかったのを覚えている。今は、暖房が入ったから、ゆっくり見て歩けるようになった。

博物館の中には、膨大な遺品が置かれている。どの部屋の、どの展示品も、そのあまりの多さに驚くが、実はすべて残されたものの一部に過ぎないのだ。

靴も、歯ブラシも、スプーンやフォークも、すべて無造作に積み上げられていて、それらは、ここで殺された人々の遺《のこ》したものの一部なのだ。

「髪の毛が八千キログラムも残されていた」と書かれている本を見ても、その量の見当がつかなかったが、「展示されているのは、ほぼ千九百キロ」と聞くと、あらためて、ヨーロッパに住むユダヤ人一千百万人すべてを殺そうという《絶滅作戦》の規模の大きさ、犠牲者の多さに背筋が寒くなる。

もう五回も、仲間を連れての旅を続けているが、いつでも、展示室の入り口で躊躇《ちゅうちょ》する人や、出てきてから気分の悪さを訴える人がいる。当然だろうと思う。わたしもそうだった。髪の毛の山の前では吐き気をこらえるのに苦労した。小さな子ども服や、顔の壊れた人形の前では、足がもつれて動けなくなった。

何回も訪れているうちに、いつの間にか、平気で見て歩けるようになったが、そんな自分を嫌《いや》だなと思う。いつの間にか、こんなことにも慣れてしまうということに恐怖さえ感じる。

初めて訪れたときは、ほかに見学者はなく、どこの建物に入っても、わたしと娘の二人だけだった。今は、いつ行っても、見学者が列をなしていて、ときには展示を見るのに少し待つことさえあるが、あのときは、帰るまでまったく人に会わなかった。

わたしたちは、広い部屋の中に肩を寄せ合って立ち、そのまま並んで歩いていた。

「後ろに誰かがいるみたいな気がする」

「誰かが見ているのよ、ほら、声もする」

などと言いながら、それでも、どちらも「出よう」「帰ろう」と言わなかったのが、今思い出すと不思議な気もするのだが、どこかで、今、わたしが仲間に言うように「見なければいけないのよ」という言葉が聞こえていたのかもしれない——などと書けるのは、最初に訪れた日から二十九年という長い時間を経過しているからだ。

あのとき、実際のわたしたちは少し異常になっていた。

アウシュヴィッツのいくつもの建物を見学した後、さらにタクシーでビルケナウへ行った。《死の門》をくぐるところまでは運転手がついてきてくれた。線路の上でかがみこんだ彼は、石ころの間から芽を出した小さな草を抜き取って見せてくれた。

「白いものがついているでしょう。これは、骨の欠片《かけら》ですよ」

小さな草の細い根には、白いものがいくつもついていた。

「さあ、行ってらっしゃい。これから、あなたたちが歩くのは、犠牲者の骨と灰の撒《ま》かれた、いわば墓場の土の上です」と彼は言った。わたしたちは、もう列車が通ることのない線路の上を歩き、荒涼とした原野のような地を歩いた。無数に立ち並ぶ暖炉の煙突は、まるで墓標のようだった。娘もわたしも黙っていた。

待たせていたタクシーに戻り、「ずいぶん長かったね、お疲れでしょう」と運転手に言われたとたん、わたしたち親子は、なぜか大声で笑った。

それがきっかけになって、笑いが止まらなくなった。何もおかしいことを話しているのではない、ただただ笑いたかったのだ。「手袋、忘れないように」とか、「カメラしまって」とか言っては笑うのだ。笑い過ぎて涙が出たのを覚えている。

往きの車中ではいろいろ話してくれた運転手は黙っていた。

ホテルの前で車を降りるまで、わたしたちの笑いは止まらなかった。恥ずかしいという思いはあったが、彼に詫《わ》びることも、説明することもできなかった。ただ、彼が、金を払ったわたしの手を握って、「大丈夫《オーライト》、大丈夫《オーライト》」と繰り返していたのを思い出す。

心地よく暖められた部屋に入って、ソファに座ったころには笑いは消えていた。でも、互いに何も話さなかった。確か、あの後、娘は「疲れたから寝る」とベッドに横になり、わたしは風呂に入った。そして、数時間後、ディナーのテーブルに向かい合ったとき、少し照れ、少し困惑して「お疲れさま」とワインのグラスを合わせて、わたしたちの「特別な一日」が終わったのだった。

今、冷静に考えれば、あまりにも重く、それまで経験したことのない心身への負担があって、感情をコントロールできない、いわば緊張の糸が切れた、一時的な精神異常の状態だったのだろうと思う。それはそれで、後々までわたしを不安にしたのだが、最近になって、少し無神経に遺品の山の前に立てる自分に気づくと、あんなふうになれた自分を大事にも思えるのだ。

2　二十七号棟

「アウシュヴィッツで殺されたのはユダヤ人だけではありません」と、わたしは小学校や中学での講演会で話す。

「ポーランド人も多く殺されました。ソ連軍の捕虜も、それから『ロマ』と呼ばれる人たち、『エホバの証人』という宗教の信者、ヒトラーと同じドイツ人でも、彼の政策に反対だった人はもちろん、心身に障害のある人や子どもも殺されたのです」と。

この話はとても難しい。「ロマ」とはどんな人を言うのかも説明がいるが、もっと大変なのは、「ユダヤってどこにあるのですか?」と質問してくる中学生もいるのだ。

日本という国の日本人、アメリカのアメリカ人、フランスの、イタリアの、と考えれば、当然、ユダヤの国のユダヤ人――地球儀を見るのが好きとか、国旗を全部覚えているとかいう中学生から、「ユダヤってどこ?」という質問が出て当然なのだ。

「世界中の多くの国を巻き込んだ第二次世界大戦が終わった後、一九四八年に、ヨーロッパの国々で、ホロコーストを生きのびた人たちが集まって自分たちの国をつくろうとした。そして、イスラエルという国が建国されたのだけど、そこには、今、パレスチナ人と呼ばれているアラブ系の人も住んでいて……」などと説明するのだが、どこまで理解してもらっているのか自信がない。

ただ、講演会は、主としてテレジン収容所にいた子どもたちのこと、ホロコーストのことを話す場なので、ヒトラーの「第一次大戦に敗れたドイツ社会の混乱は、ユダヤ民族が原因なのだ」という主張にドイツ国民の多くが拍手をしてしまったこと、ナチスが政権を握ると「ドイツ人の血と名誉を守るための法」といわれる「ニュルンベルク法」ができ、ユダヤ人を公然と排斥《はいせき》するようになり、それが、アウシュヴィッツへつながったという話をしている。

そんな動きの中で、ドイツで生まれ、ドイツの子どもたちと仲良く暮らしていたはずの少女が、オランダに逃げ、そこで隠れ家に住まなければならなくなり、さらに捕らわれて収容所に送られ、チフスにかかりながら、薬はもちろん食事さえ与えられずに死んだ……と、アンネ・フランクの話をして、やっと少し分かってくれるのかと思う。

「二十七号棟の壁に描かれた絵は見ましたか？」

昨年の旅のとき、ガイドから聞かれた。もう二十回もアウシュヴィッツを訪れているのだが、まだまだ知らないことが多い、いや、知らないことだらけの気さえする。

四・五・六・七・十・十一・十三・十五号棟などは何回も入っている。たしか二十七号棟も入ったことはあるはずだけど、「壁に描かれた絵……？」と、わたしは尋ねた。

「多分まだご覧になっていないのでしょう、後で、ご案内します」

小雨の降る寒い日だったが、見学者が多く、どの棟の入り口でも、出る人を待つ列ができていた。七十周年の式典の日には、このあたりはかなりの雪が積もっていて、歩くのには注意が必要だった。敷地はどこも七十年前のまま、当然ながら舗装などされていない。白茶けた土はでこぼこで、石ころや煉瓦、陶器らしいものの欠片などがあり、気をつけて歩かないと躓《つまず》いたり滑《すべ》ったりもする。

「この道をつくったのも収容者です。大きなローラーを曳《ひ》いている写真を見たことがあるでしょう？　彼らの汗や涙や血がしみ込んだ道です。整地するのは簡単ですが、当時のままにしてあるのです」とガイドから聞いたことがある。

アウシュヴィッツ二十七号棟は、ユダヤ民族の歴史を語るところだ。ユダヤ人を外見で区別をする見本として、ドイツの小学校の黒板の前に立たされている黒い髪の少女、「わたしは汚《けが》らわしいユダヤ人と結婚したブタです」と書かれた板切れを首から下げて街角に立たされている女性、そして、《水晶の夜《クリスタルナハト》》という美しい名前で呼ばれる、あの、ナチスの暴虐がすべてのドイツ国民の前に明らかになった夜——火をつけられ燃え上がっているシナゴーグ（ユダヤ教の会堂）や、ガラスを割られた店、道路に捨てられた家具や衣類、その夜に捕らえられ収容所へ送られた人々の列など、多くの写真が展示されている。ドイツから脱出しようとしたユダヤ人を乗せてキューバへ向かった客船《セントルイス号》、そして、ワルシャワ・ゲットーや絶滅収容所など、以前に見た写真もある。

そして、今回案内されて、初めて二階に上がった。

大きな部屋は新しく展示室になったのか、四囲《しい》の壁の白さが目立った。

子どもたちの絵は、その白い壁の低い位置にあった。小さく、弱々しい線で描かれた絵。あえて、色彩のない絵の中から一部分を選んで、そこに写し取ったのだろう。三段ベッド、胸に《ダビデの星》をつけた子ども、そして、首を吊られている人……。

見慣れた絵もあった。ああ、これは、あの子の……。ハナの絵の中にあった教会らしい建物、ヤンの絵にあった汽車、ルースの絵にあったピエロ。わたしは、いくつもの絵を撫《な》でた。白い壁は、少しざらっとして冷たかったが、自分の子どもの絵に出会えたような懐かしさを感じた。

ここでまた、多くの人に見てもらえるようになったのね……わたしは、二十年以上もの長い間、このテレジンの子どもたちの絵を、一人でも多くの人に見てもらいたいと願いながら展覧会を続けてきた。わたしの小さな力から考えれば、これまで二百回を超《こ》す展覧会というのは大事業である。でも、まだまだ知らない人のほうがずっと多いのだ。

「テレジンって何ですか」と今も聞かれる。「アウシュヴィッツは昔からよく知っていたよ、でも、テレジンなんていう収容所の存在は知らなかったな」と言う人が多い。

「学生時代にフランクルを読んだから、ホロコーストについては知っているつもりだったのだけど、テレジンなんて知らないな」

そんな人に対して、「テレジンは、アウシュヴィッツへの中継地だったのです。あの絵を描いた子どもたちのほとんどは、アウシュヴィッツで殺されました」と、わたしは説明してきた。

この部屋にいるほとんどの人の関心は　中央に長く並ぶ大きな異様な紙の束だ。犠牲者の名前が収容所別に記載された大きな紙を巻いてあるもので、すでにどれだけ多くの人が、その紙を繰《く》ったのか、端はよじれ、黒ずんでいる。

こんな膨大な名簿（と呼んでいいのか）から、身内の名前を探し出すのは、海辺に打ち上げられた石ころの中から一粒の宝石を探すほどの難しい仕事だろう……と思い、すぐに、いや、違うと自分の考えを否定した。海辺の砂浜では、どんなに必死で探しても宝石は見つからない、はじめから宝石なんかあるはずはないのだ。でも、これは違う。犠牲者の遺族にとっては、探せばあるはずの――いつ、どこで、絶たれた命なのか分からないけれど、必ずあるはずのものなのだ。なぜなら、一九四五年にヒトラーが自殺し、ナチス・ドイツが無条件降伏し、想像を大きく超える多くの収容所が解放されても、その人は帰ってこなかったのだから。どこで、いつ、死んだのか、それを知ったところで帰ってくるものではないと分かっていても、残された人は、必死で身内の名前を探しているのだ。

まだまだ見ていないものがたくさんある。もう、これで二十一回目のアウシュヴィッツなのに、見ていないもの、見られないものが多い。いったい何回ここを訪れたら、「見ました」と言えるのだろうか。いや、何年か先に「見ました」と言えるようになったとしても、さらに、知らないことが多い、分からないことが多いのよ、と言わなくてはならないのだろうな……。

昼を過ぎて、ますます増えてきた見学者の列の中で、以前のようにゆっくり立ち止まって思いを嚙《か》みしめていることも許されず、歩調を合わせて前に進みながら、わたしは、さっき見た絵を描いた子どもの名前を胸の中で呼んでいた。

プラハのピンカス・シナゴーグの壁一面に書かれた犠牲者の名前。
写真はその一部分

第四章

テレジンの子どもたちの遺言

1　子どもたちの名前

「百五十枚の絵があります。一部のものを除いて、絵には名札がついています。描いた子どもの名前、生年月日、アウシュヴィッツに送られた——多くは、その日のうちに殺されたのだろうと思われる、その年月日が記されています。どの絵も、見るあなた方にたくさんのことを語りかけてくると思います。どの絵でも結構です。心に残る絵があったら、それを描いた子どもの名前を呼んであげてください。覚えて帰ってください」

一九九一年、埼玉県熊谷市を皮切りに全国二十三会場で展覧会が開かれたとき、わたしは、各地のオープニングで、そう挨拶《あいさつ》してきた。

初めて、この絵を見たとき、それらがテレジン収容所で描かれたものであり、そこにいた一万五千人の子どもたちのほとんどは、アウシュヴィッツのガス室で殺され、四千枚の絵だけが奇跡的に残されていたのだという事実を知ったわたしは、一枚一枚の絵につけられた名札に心が動いた。

その数日前に訪れたアウシュヴィッツの博物館では、山のように積み上げられたトランク以外、どこにも名前がなかった。小さな赤い靴にも、ダンスのステップでも踏んだのか、細く長いヒールのついた金色の靴にも、そして、三つ編みのまま切り取られた髪の毛にも、義足や松葉杖《づえ》にも……。

わたしは、それが嫌《いや》だった。「犠牲になった人々の遺《のこ》した品の一部」——死んでしまった人すべてに名前も顔も、生きてきた歴史もあっただろうに、それらをすべて消され、多くの犠牲者がいることだけが強調され、一人ひとりが遺品の山の中に埋もれてしまっているように感じられたのだった。

それなのに、テレジンの子どもたちの絵には名前があった。

「フリードルは、子どもたちに、名前を書くように指導していたのだよ」と教えてくれたのは、イスラエルで会ったビリー・グロアーだった。

フリードル——テレジン収容所の《子どもの家》で絵画を教えた画家、フリードル・ディッカー・ブランデイズ。

「あなたたちには、名前があるのよ。ドイツ兵が番号で呼ぼうと、ブタと罵《のの し》ろうと、みんなにはお父さんやお母さんが愛情込めてつけてくれた名前があるの。それを書きましょう」

フリードルが子どもたちに、そう語りかけていたのを、ビリーはよく覚えているという。

「まだ上手に書けない子もいてね、フリードルが書いてあげたのもある」

ビリーがプラハに運んだ絵画が入ったトランクは、開けられることなく、長く倉庫に眠っていたという。

「二十年も過ぎてからでした。絵についての調査を始めるので、手伝いに来てほしいと言われてね。そのころ、わたしはこちら（イスラエル）のキブツで働いていたのだけれど、特別な許可も出て故国へ行ったのですよ。

幸いに、チェコは戦災に遭《あ》わなかったので、ユダヤ人に関しての資料が残っていた。おまけに、ナチスは詳細な記録を残していたから、子どもたちの名前が分かれば、消息も分かるかと……でも、大変な仕事でした。

四千枚の絵を一枚ずつ調べて、あまり上手ではないサインだったり、愛称だけしか書いてなかったり……それを読み取り、資料と照合したのですが……何しろ、ほとんどの子は殺されているのですからね。

ああ、この、とても絵が上手だった子も、この泣き虫だった子も……殺されてしまったのか……。ああ、これはみんなに『ちびのアリサ』と呼ばれていた、いちばん幼かった子だったなとか、いろいろ思い出されて、仕事の手が進まなかったですよ。

でもね、フリードルが、名前を書こうと指導したことがいかに素晴らしいことだったか、それを考えながら仕事をしましたよ。かなり長い時間、そう、何年もかかったけれど、多くの絵の作者が分かりました。それでも、『作者不明』というのがあります。よく見ると分かると思いますが、それらは未完成の作品です。次の教室のときに描き上げて名前を書こうと思ったのでしょうね……でも、その前に、貨物列車に乗せられて《東》へ運ばれてしまった子です」

そんなビリーの話を聞いていたから、わたしは、日本で展覧会を開くとき、名札を大事にした。難しい読み方をすべて、大使館の方にチェックしていただき、生年月日と、アウシュヴィッツへ送られた年月日を入れた。そして、オープニングのたびに「子どもたちの名前を呼んであげてください」と言ったのだった。

「わたしたちは、子どものころからずっと、たくさんの人に名前を呼ばれてきました。わたしは、もう大人になっているけれど、今もミチコちゃんと呼ばれるのが好きです。この子たちだって、そうだと思います。短い年月しか呼んでもらえなかった名前を呼んで、上手に描けたね、と褒《ほ》めてあげてください」と。

「ルースとぼくは同じたんじょう日です。お友だちになろうね」という幼い文字が、アンケート用紙に書かれていた。

「あの絵を描いたソーニャさん、わたしと同じ日の生まれですよ」と、絵を指さして繰り返す女性がいた。

「この子がアウシュヴィッツに送られた日が、うちの息子の誕生日。生まれ変わりとは思わないけれど、息子に送ってあげたいので、この絵の写真を撮らせてください」と頼みに来た人がいた。

2　画用紙

日本での展覧会を開きたいという、わたしの希望を、絵を保管しているチェコのユダヤ博物館（ジューイッシュ・ミュージアム）は快諾してくれた。だが、実物の絵を貸すことは難しいという。その言葉に当初、戸惑ったわたしだったが、実際の絵を見せられて納得した。絵はかなり傷《いた》んでいるのだ。

四十年以上前に描かれた絵、「画用紙に描かれているものは少ないのです」と言われたが、その紙の質の悪さには驚いた。思い起こせば、日本でも、戦時中から戦後にかけて、真っ白なすべすべの画用紙なんかなかったが、そのころの「模造紙」と言われていたものよりもひどい。

一九四〇年代はじめ、すでにチェコは、ナチスの支配下にあった。ユダヤ人への差別が始まり、子どもたちは、それまで通っていたチェコの学校から追い出されていた。パンや野菜だって自由に手に入れることができない生活、たとえ文房具店に画用紙があったとしても、ユダヤ人の子どもが買うことはできなかった。

それでも、以前から大事にしまっておいた画用紙を、収容所へ持ち込んだ子もいた。フリードルは、収容所への呼び出しに応じる日、家にあった、ありったけの紙や絵の具やクレヨンをトランクに詰めた。

――それでも、絵の教室では紙が足らなかった。画用紙を持っていた子は、小さく切った。「子どもたちには、大きな紙に、精いっぱい大きな絵を描かせたい」と、いつも語っていたというフリードルもまた、自分の持ち込んだ紙を切って、子どもたちに分け与えた。

――それでも、まだ足りない。それを知った大人たちは、ドイツ軍の事務所のごみ箱に丸めて捨てられている書類や手紙を拾い集めたのだという。ドイツ兵たちに送られてくる手紙の封筒、小包の包装紙、チョコレートやクッキーが入っていた箱、なんでも拾い集め、皺《しわ》を伸ばして、フリードルに渡した。

そんな質の悪い紙に描かれた絵が、さらに二十年もの間、トランクに詰められたまま、シナゴーグの地下室にしまわれていたのだ。

「動かせないほど傷んでいるものが多いのです」

初めて実物の絵を見せてくれたとき、学芸員のアンジェラは言った。

博物館の収蔵庫というには、あまりにも狭く薄暗い部屋。空調も完全ではなかった。部屋いっぱいに、何段もの抽斗《ひきだし》のある大きな棚がいくつも並んでいた。その抽斗の一段一段に、それぞれ数枚の絵がしまわれていたのだが、新聞紙で包まれたもの、ハトロン紙のような半透明の紙に挟まれたもの、包装紙——前回、わたしが持参した手土産《てみやげ》の、日本のデパートの包装紙で包まれたものもあったのだ。

それでも、アンジェラは、優しく丁寧に扱っていた。一枚一枚をそっと引き出し、両の掌《てのひら》の上に置き、わたしにも、同じように手を出させ、その上に、そっと一枚の絵を滑《すべ》らせた。それは、ドイツ軍が使っていた書類の紙に、毛糸で刺繍《ししゅう》のように花を描いたものだった。掌に乗せなければ、毛糸の周りが切れてしまうのだった。

百五十枚の絵を写真に撮ってくれるという申し出だった。「フィルムがなかなか手に入りません。実力のあるカメラマンはいますから、日本からフィルムを持ってきてくれれば、きちんと撮影してあげます」

今、こう書いていると、まるで大昔の出来事のように思える。たった二十八年前のことなのだが……。今、あのユダヤ博物館では、絵はすべてデータ化されている。

大量のフィルムを渡し、百五十点の撮影を依頼して帰国した翌朝、わたしは、マンションの郵便受けから新聞を取り出して、その重さにはっと気づいた。新聞よりも重いのは、ものすごい数のチラシだった。もう何年も前から当たり前のこととして手にし、何の躊躇《ちゅうちょ》もなく捨てていたが、そのほとんどは、厚手の、光沢《こうたく》のある紙だった。何十時間か前に見たシミだらけの茶色い紙、手でちぎったのか、周りがギザギザの紙……わたしの手元には、表は鮮やかな色彩の印刷だが、裏面は真っ白につやつや光っている紙があった。

わたしは、それを、いつも無造作に捨てていた。隣人たちもそうだろうと思った。

今、日本の学校で児童たちは、大きく厚いスケッチブックを持っているのだろう。描き損じて紙を破り捨てても、新しい白い紙がある。さまざまな色の絵の具やクレヨンもあるだろう。好きなだけ使って、なくなったら、お父さんやお母さんに頼めばいいのだ。新しいのを買ってと。

そう思ったとき、わたしは、どうしても、あの現物の絵を借りたいと思った。多額の保険をかけ、わたし自身が持ち運ぶという条件つきで、一枚ずつ包装する柔らかい紙としっかりした紙ばさみ、スチールのケースを用意して、六枚の現物が日本に来た。

雪景色の絵は、機械の寸法などを記した設計図の裏に描かれていた。それは、鏡をつけた特製の額に入れて、裏表両方が見えるように展示した。

あの、両掌で持たないと破れてしまうと言われた毛糸の刺繍は、同じ手法だが、傷みの軽い一枚を借りた。ドイツ兵が捨てた書類の紙に刺繍で花を描いたものだったが、毛糸が足らなくなったのか、一部は絵の具で描かれていた。

そして、多くの人の関心を引いたのは、菓子でも入っていたのか、薄茶色いボール紙の箱の蓋《ふた》に描いた貼り絵の作品だった。二つのベッドが並ぶ病室、それぞれには少女がいて、脇に医師が立っているという絵だった。少女たちの布団と、医師の洋服には、白い紙が貼ってあり、医師の首には聴診器がかけられ、赤い小さな布切れがネクタイになっていた。《左側の少女の頭には、人間の髪の毛が使われています》という説明文に、多くの人が見入った。もう一人の少女には、茶色の毛糸をほぐした長い髪の毛がついているが、こちらは黒い短い髪だ。

「右の少女の髪をつけたところで、毛糸がなくなったのだと思われます。もし、毛糸があれば、このお医者さんの頭にもつけたでしょう。でも、ここは鉛筆で塗ってあるだけです。

毛糸はないけど、女の子の頭を鉛筆で塗るだけではかわいそうと思って、自分の髪を切ったのだろうと考えています」

と、学芸員のアンジェラは言った。

《この作品は未完成です。だから、作者が分かりません。少女の洋服の襟《えり》や、手にしている本など、とても細かい作り方をしていますが、まだ鉛筆の線だけで何

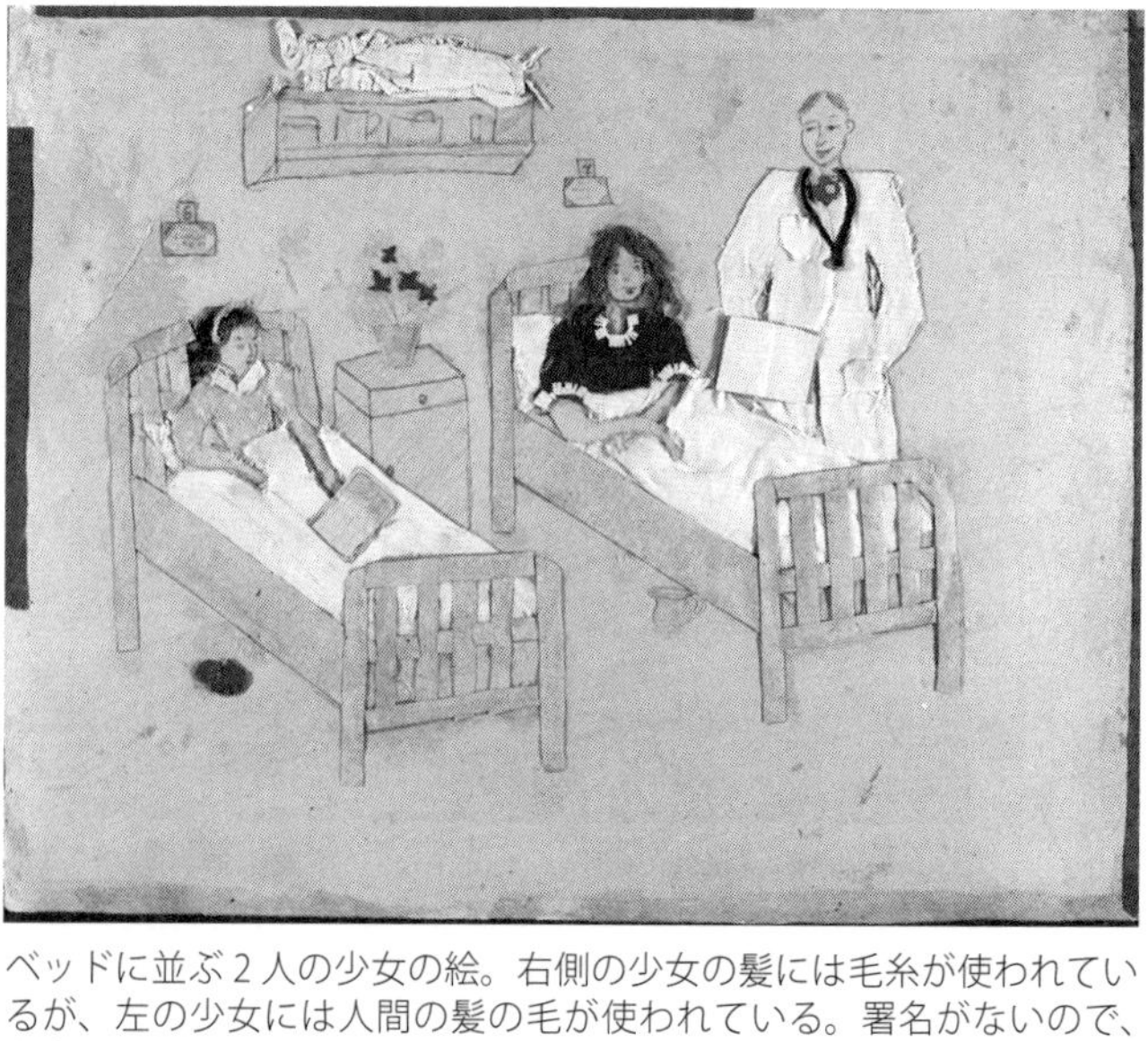

ベッドに並ぶ２人の少女の絵。右側の少女の髪には毛糸が使われているが、左の少女には人間の髪の毛が使われている。署名がないので、作者は分からない。絵の完成を前に《東》に送られたと思われる

も貼っていないところが多いのです。きっと、次の〈絵の教室〉で、何か材料があったら、全部貼って完成させよう、完成したら名前を書こうと考えていたのだと思われます。

でも、この子には、次の教室がなかった。朝の点呼で、体が弱っているのを見つかって、貨物列車に乗せられたのでしょう。わずかな髪の毛だけが、この作者が、この世に生きた証《あかし》となってしまいました》

アンジェラから教えられた説明を訳した文の横には、「絵には手を触れないでください」という、注意書きの紙を貼った。展覧会では当たり前のことだ。世界の名画ではないが、これも貴重なものなのだから。

だが、展覧会場では、何人もの人がそっと手を伸ばした。ガラスを隔《へだ》ててだが、少女の頭に触れようとした。会場に置いたノートには、「たったこれだけの髪を残して死んでしまった子の頭を撫《な》でてあげたかったのです」という言葉が書かれていた。

翌日から、わたしは、注意書きを外した。額が落ちたりしないように、そばにスタッフの一人が立とう、ガラスの汚れは、頻繁《ひんぱん》に布で拭《ふ》けばいい……。

この、名もない作者の遺した、本当にわずかな髪の毛が、もしかしたら、この会場の百五十枚の絵を描いた子どもたちの、《一九四五年　月　日アウシュヴィッツへ》と続く名札を見て行く中で、かすかながら《生》を感じさせるものに思われたのかもしれない。そこに子どもがいる……触れてあげたい、頭を撫でてあげたい……そんな人々の思いに応えたかったのだ。

その話を伝えたとき、プラハに住むヘルガは、隣に座るわたしの手を握って「ありがとう」と言ってくれた。展覧会開催中に来日したディタも、アンジェラも、そして、イスラエルに住むビリーも、同じ言葉を繰り返してくれた。思い出すのもつらい、できることなら、鉛の箱にでも入れて封印しておきたいであろう記憶を語ってもらって、「ありがとう」を繰り返さなければならないのは、わたしのほうなのに……。

「ありがとう、テレジンの子どもたちに心を寄せ、その存在を日本の多くの人に伝えてくれたことに対し、多くの犠牲者、その遺族、そして幸運な生還者《サバイバー》に代わってお礼を言います」と手紙をくれたのは、イスラエルで会ったアリサだった。《Theresienstadt Martyrs Remembrance Association》という英語とヘブライ語のロゴの入った便箋《びんせん》で《館長

Alisah Shiller》という署名があった。

ヘルガは「わたしたちは間もなくこの世にお別れするのよ。自分たちが体験した、あの事実を世界中の人に伝えたい、伝えなければならないと思うのだけど、世界中には広まらないのよ。あなたのおかげで日本で展覧会ができた……遠い日本の人たちが、テレジンという、あの収容所の存在を知ってくれただけでも、ありがたいと思うわ」と言った。

3 ヘルガ・ホシュコヴァー

ヘルガ・ホシュコヴァー――彼女は、ある意味で、テレジンの子どもたちを代表する語り部だと、わたしは思っている。たくさんの絵を描いたのだ。ほかの子どもたちは、フリードルの教えで、楽しかった日々を思い出して遊園地や学校やプールを描いたが、ヘルガは違う。彼女は、食事の配給に並ぶ人々や、頭のシラミをとる女性や、ごみの中から食べ物をあさる人の姿を描いた。

「わたしは、テレジンに送られてから、お父さんと一度だけ手紙のやりとりができたのですよ。そこには『自分の目で見たものを描きなさい』と書かれていたの。わたしは、絵が好きでいつも絵を描いて、お父さんに褒《ほ》められていました。ヘルガは素晴らしい画家になれるねって、いつも言われていたのですよ。その大好きなお父さんから言われたことを守ったのです。

フリードルの教室のことも知っていましたよ、その教室からは笑い声まで聞こえたのですから。きっと楽しいんだろうなって思いました。でも行かなかった……わたしは、三段ベッドの隅っこに座って、一人で絵を描いていたのです。お父さんに見せたかったから。いろいろつらいこともありましたが、わたしは、幸いに生き残りました。でも、お父さんは帰ってこなかったのです。ええ、その後もずっと絵を描き続けています、目で見たものをね。あの手紙は、お父さんの遺言だったように思えるのです」

ヘルガは、解放後に美術学校に進み、美術の教師になった。わたしが初めて会った一九九〇年には、退職したばかりだったが、訪れた家の壁には、彼女の作品が飾られ、イーゼルには新しいキャンバスが置かれていた。

「もう、あれから四十五年も過ぎたのだよ、って言った人がいました。そろそろ収容所を

ヘルガ・ホシュコヴァーの作品。「自分の目で見たものを描きなさい」という父親の言葉を守り、ヘルガは収容所の実態を描いた

卒業して別の絵を描いて見せろって言うのですよ。画家としたら、嬉《うれ》しい言葉ですよ。でも、描けませんよ。いいえ、今の街の風景を描いたこともあるし、孫の姿を描こうと思ったこともあるのですよ。でも、どこかに、わたしの目があるのです。子どもだったころのわたし、今、ここで何が行われているのか、ちゃんと見ておこうと思ったわたしの目……。

仕方ないですよね。八十年もの人生の中で言えば、収容所にいたのは二十分の一くらいですから、大した時間じゃないと理屈では分かるけれど、あの四年間は大きいの、重いのよ。わたしの人生を決めてしまったのだと思います。

息子には、一枚一枚の絵が、わたしの《遺言状》だって言ってあります。あの時代のこと、収容所のことを詳しく話したことはありません。でも、わたしの絵を見て、息子は分かっているはずです。子どもを、こんな地獄に置いてはいけない、こんな地獄を二度と起こしてはいけないってことをね。楽しいはずの子どもの時代に、あの地獄を見てしまったわたしが、今も、きれいな静物画や風景画が描けなくなっているということも。だから、最期のときにも、何も言わないつもり。ただ、あの絵をすべて残しますよ」

ヘルガは、テレジンでおよそ百枚もの絵を描いた。

その絵は、子どもが見ていた収容所の実態であり、写真が残されていない状況では、当時を知る唯一のものとして高く評価されている。テレジンの博物館はもちろん、イスラエルのヤド・ヴァシェムも、ワシントンのホロコースト博物館も、その提供を依頼に来たという。

「でも、断っています。画集も出しましたし、博物館に写真を出すことはかまいません。でも、絵は持っていたいのです。お父さんに見せたくて描いた絵ですもの、ずっと、わたしが持っていたい……息子に、孫に、渡すことになるのかしらね」

ヘルガは、テレジンで日記も書いた、持ち込んだノートのページがなくなるまで。奇跡的に、そのすべてが残った。一昨年、『Helga's Diary』が、チェコで出版された。一年後には英訳もされ、わたしのもとにも送られてきた。だが、残念ながら、わたしはまだ、すべてを読み終わっていない。もしかしたら、この日記も彼女の《遺言状》、わたしは背筋を伸ばして読まねばならないような気がするのだ。だが、今、自身の《遺書》を書こうとしているわたしには、なかなかページが進まないでいる。

数年前に会ったとき、ヘルガもラーヤ（ラーヤ・ザドニコヴァー）も、わたしに本当に多くのことを語ってくれた。「遺言（ラスト・ウィル）」という言葉は、そのときにわたしに託されたのだった。

それまでに「遺言状（テスタメント）」という言葉は知っていたが、いきなり、「ラスト・ウィル」と言われて、わたしは理解できなかった。遺言状、遺言、遺書……同じような言葉を、わたしは上手に使い分けることができない。

「アウシュヴィッツで殺された子どもたちの絵はすべて、あの子たちの、この世に生きた証しになってしまった、それは事実よ。あのときは、死ぬ前に、何か描き残しておこうなんて思ったわけじゃないけれどね。

あのころ、わたしたち子どもにとっても、死は、遠いものじゃなかった。目の前に、日常的に死者がいたのだから、何となく、次はわたしかな……なんていう気持ちはあったと思いますよ。自分の死を予知したような詩があると、分析している学者がいます。絵に描かれた蝶々に、死の予感が感じられるとか書いた人もいます。それは、何十年もたった今になって、学者が考えることで、わたしたちの言葉ではありません。

それより、初めて、わたしたちに心を寄せて、わたしたちの話を聞いて、受け止めてくれたミチコだから、わたしたちの《遺言》だと思って書き残してほしいわ」と。

ウィル、ＷＩＬＬ……、最初は、わたしの英語力では「意志」という程度の言葉としてしか受け取れなかった言葉が、重く肩に乗ってしまった。

あのとき、ラーヤは笑いながら言った。

「わたしが、泥棒が上手だったことも話したわよね、農作業のときに、何回もトマトを盗むのに成功したって……。あの話は、ミチコが書くときには省《はぶ》いたほうがいいかしらね」

「大丈夫よ、もう時効。それに、死んでしまえば罪は消えるわ」とヘルガは言った。

「いいえ、罪が消えるなんて、そんなことないわ。ナチスの人々が死んでしまっても罪は消えはしないでしょ？　だって、消したくないから、わたしたち、あのころのことを言い残そうとしているのじゃない？」

いつも、物静かなラーヤが、ヘルガの冗談に怒りをあらわにした。

自分たちが、持ち慣れないシャベルで土を耕《たがや》し、水をやり、汚物の入った桶《おけ》を担いできて肥料を撒《ま》き、大きな実をならせたトマト、それを、空腹に耐えられずに命がけで盗んだ、それも《罪》、百五十万もの幼い子どもたちの夢や希望を断ち切り、命を奪ったのも《罪》という、同じ言葉で言わなければならないのか……わたしには、またまた書かねばならないテーマが増えてしまったという思いだった。

テレジンの生還者から筆者のもとに届いた手紙の数々。30年にわたり交流を重ねてきた

第五章

もう一人の画家 イェフダ・バコン

1 イェフダI

ヤド・ヴァシェム——ヘルツェルの丘と呼ばれる広大な敷地に立つイスラエル国立博物館。六百万ものユダヤ人殺戮《さつりく》の事実を伝えるために、一九五三年に建てられたものだ。

九五年のその日、わたしは、地下にある美術博物館に案内された。

各地のゲットーや収容所で、ひそかに描かれ、用心深く隠され、あるいは奇跡的に残された絵があるということだった。

「一枚一枚の絵にドラマが、人生があります。描いた人、描いた場所、描いた動機、描かれたもの、そして、その絵がどうして残ったか……すべてがドラマです。この人は……」

ガイドをしてくれた学芸員のハナが、最初に指をさしたのは、二十センチ四方ほどの小さな紙に、収容所のさまざまな場面を描いた絵だった。

「当時まだ子どもだった人が描いたものです」

棍棒《こんぼう》を持つ兵士に追い立てられて仕事場へ向かう収容者の列。スープの配給をもらうために、小さなボウルを手にドラム缶の前に並ぶ行列。バラック建築の現場。長い材木を担いでいる人もいれば、疲れ果てて蹲《うずくま》っている人もいる。人、人、人……どの絵にも、小さな人がたくさん描かれていた。

それぞれの絵の端には、時計が描かれ、いろいろな時間を示している。

朝六時も、九時も、午後三時も、六時も……すべて労働の時間なのだ。正午だけが、スープをもらえる時間、あとはすべて労働、つまり、一日中働いていたという絵なのだ。

家にいたら、おやつの時間だったであろう午後三時も、家族が揃って夕食のテーブルを囲むであろう時間も、すべて労働に追い立てられていたことを、決して上手とは言えない、それらの絵が示していた。

「一九二九年生まれ、トーマシュ・ゲーブと書いてありますが、本名ではありません。アウシュヴィッツからブーヘンヴァルトに移送されて、そこで助け出されたのですが、連れて行かれた事務室の机の上にあった紙に、次々と、これらの数十枚の絵を描いたのだそうです。

もう、あれから五十年もたっているのに、それでも彼は、かたくなに絵を描いた自分のことは隠し通しているのです。何も語ろうとしないし、本名を明かすこともしない。

この絵、よく見てごらんなさい、これらの人の顔が描かれていないでしょう。建物の煉《れん》瓦《が》なんか一つ一つ細かく描かれているのに、人の顔がない。

心理学者によれば、顔を描けないのは心に問題を抱えた子どもということらしいです」

鉛筆で黒く塗られた空に三日月、その下に、顔のない小さな人間がたくさん並んでいる。

収容所で、朝晩行われた点呼のことは、いくつもの本で知っていた。脱走者が出たとか、人数が合わないとかいうときはもちろん、整列がちょっと遅れたとか、仕事中に怠《なま》けた人がいたとか、そんな些細《ささい》な理由——いや、何の理由がなくても、ただ監督するドイツ兵の虫の居所《いどころ》が悪かったり、あるいは、まったくの面白半分で、ときには、零下十度を下回るほどの凍《こご》える夜に、ときには、嵐の中で、労働で疲れた人々に何度も何度も繰り返される点呼。何時間も、ときには深夜まで続く整列。多くの人が倒れ、そのまま放置されたという点呼。

まだ十五歳の少年だった彼は、それを描いた。

そこには、《ぼく》もいないし、お父さんも、友だちのヨセフも、ピーターもいない……いるのは、「お前ら」「汚いブタ」「うじ虫ども」と呼ばれる、名もなく、顔もない集団だったのだろうか。

トーマシュ・ゲーブという少年に会いたいと思った。少年だったころの話を聞きたかった。でも、絵を管理しているヤド・ヴァシェムの館長にも学芸員にも会いたがらないという彼が、わたしに会ってくれるはずもないだろう。

イェフダ・バコンが解放直後に描いた《ガス室の記憶》。焼却場の煙突から出る煙には父親の顔が描かれている

そう思っているわたしの目の前に現れたのが、焼却炉の煙の中に浮かぶ男の顔だった。

《ガス室の記憶》と題された絵。アウシュヴィッツの象徴ともいえる大きな煙突のある焼却場（その煙突と、焼却場の屋根のあたりまで小高い盛り土のある風景は、わたしの記憶にあるものだった）が紙の下のほうに描かれ、紙の上、三分の一ほどは煙突から上る煙、その中に男の顔があった。細くこけた頬《ほお》、感情を失ったように虚《うつ》ろで、それなのに、なぜか哀しみが伝わってくるような目。

「この絵を描いたイェフダ・バコンさんは、テレジンにいた子どもの一人です。アウシュヴィッツに送られたけれど生き残って、今は、この街に住んでいますよ。ベツァルエル美術大学でも教えている有名な画家です。

これは、彼が、ドイツ国内にあったグンスキルヘンという収容所で助け出された直後に描いた絵です。彼は、そのとき、十六歳になったばかりでした。この顔は父親だそうです」

「あの絵を描いた人が、あなたに会うと言ってくれました」その夜、ホテルの電話に伝えてきたのは、ヤド・ヴァシェムの学芸員のハナだった。

「あの絵……あのイェフダ・バコンさんですね」わたしは念を押した。

昼間それを見たときの、背筋を走った震えのようなものがまだ少し残っていた。あの絵を描いた人に会える……数時間前に、「ぜひ会いたいと伝えてください」とわたし自身が頼んだのに、実際に会えると聞いた瞬間に、また、その震えが強くなった。

翌日の夕方、わたしは、通訳をお願いしたSさんの車でイェフダ・バコンの家を訪ねた。静かな住宅街の一角、入り口が分かりにくいからと門の外の街灯の下で待っていてくれた彼の左腕には、青黒い数字の入れ墨があった。

イェフダ・バコンは一九二九年、チェコの東部、ポーランドとの国境に近いオストラヴァで生まれた。

「わたしたちは、現状認識が甘かったのだろうと、今になって思います。一九三八年、ドイツ軍が侵攻してきて、街中にハーケンクロイツの旗が翻《ひるがえ》ったときには、まるでお祭り騒ぎのような、ちょっと高揚した気分でしたよ、子どもだったのですね……十歳でした。鉄兜《てつかぶと》をかぶったドイツ兵の姿も珍しかったし、大きな戦車を触りたくて、そばに行ったりしましたよ。もちろん、それは、ほんの短い間だけで、すぐに、わたしたちの生活は一変して、自由に外へ出ることもできないようになったのですけど」

部屋に通されて挨拶《あいさつ》が済むとすぐに、彼は、生まれ故郷は……と話し始めた。ハナが、事前に、わたしが日本でテレジンの子どもたちの絵の展覧会を開こうと努力しているのだと、紹介してくれていたのだ。

「嬉《うれ》しいことです。テレジンの子どもたちのことや、アウシュヴィッツのことは、世界中の人が知らなければいけないこと、考えなければならないことです。

あの子どもたちの絵の展覧会が、遠い日本で開かれるなんて、素晴らしいことだと思います。あの事実を知りたいという方のお役に立つなら、わたしは、喜んで話しますよ」というのだ。

「ドイツ軍は、次々と布告を出しました。鉄兜に軍服のドイツ兵が、サイドカーでやって来るんですよ。はじめは、かっこいい！　と思った姿でしたが、もう、そのころには、彼らが来ることは恐ろしい知らせなのだと分かりました。街の真ん中の広場に立って、大きな声で布告を読み上げるのです」

ユダヤ人は、電車やバスに乗ってはいけない。

ユダヤ人は、ラジオや自転車を持っていてはいけない。

ユダヤ人は、ユダヤ人が経営する店以外で買い物をしてはいけない。

ユダヤ人は、公園に入ってベンチに座ってはいけない。

ユダヤ人は、プールやサッカー場に入ってはいけない。

ユダヤ人は、劇場や映画館に入ってはいけない。

ユダヤ人は、学校へ行ってはいけない。

ユダヤ人は、………

わたしが、本で読んで知っているのはせいぜい二十項目くらいだが、実際には、当時、子どもだったイェフダは、少なくともその三十倍以上の「……してはいけない」ことを記憶していると言った。

「学校へ行くことは禁じられました。でも、すぐに、近くに住むユダヤ人青年が先生になって、個人的な勉強会が開かれるようになったのですよ。

その先生たちに呼び出し状が来たときのことはよく覚えています。先生が言ったのです。〝どんな人間も、心の中に小さな火種を持っている。この火種は、人生のどこかで、きっと大きな炎になる〟って。

わたしは、生き残ってから哲学を学びました……学ばずにはいられない時期があったのです。そのきっかけは、この先生の言葉だったような気がします」

2 イェフダⅡ

イェフダ一家――父、母、当時十九歳だった姉と彼の四人が、テレジンに送られたのは一九四二年九月だった。

「幸せな家庭でした。皮革製造の工場をやっていた父と、母、姉が二人、それから祖父も一緒に暮らしていました。学校の授業はチェコ語でしたが、わたしの家庭では、ドイツ語で話をしていました。

わたしは、小さいころからピアノを習っていました。ピアノの上に、ベートーヴェンやハイドンなどの胸像が置いてあったのをよく覚えていますよ。

ある日の布告で、父の工場は取り上げられました。『ユダヤ人は、経営する会社の権利を非ユダヤ人に譲らなければならない』というのです。その夜、父と母は、何度も何度も大きなため息をついていました。でも、わたしや姉に向かっては、笑顔をつくって『そんなひどいことにはならないよ、大丈夫』と言ったのです。

間もなく、わたしの家にも呼び出し状が届きました。その夜も、父は、同じことを言いました。『大丈夫だから……』って」

「オストラヴァからテレジンまでは、二日かかりました……そのころは、テレジンという地名も知りませんでした。どこか知らない駅で降ろされて、そこからかなり歩いて、着いたところがテレジン収容所だったのです。

わたしたちは、はじめのうちは、比較的、恵まれた状況にいました。早い時期にテレジンに連れて来られていた叔父がいたのですよ。なんというのか、収容所の中の『良い地位』にいて、わたしたち家族もいい仕事につけるよう助けると約束してくれたのです。

でも、それは長くは続きませんでした。わたしは親から離されて、《子どもの家》に移されました。父と母も別々になったはずです。『男は右、女は左』と怒鳴っていたのを聞きましたから。

えっ、泣かなかったかって。泣きませんでしたね。わたしよりもずっと小さな子もいましたけど、誰も泣いていなかった……そう、今、考えたら不思議ですね。みんな、なんで、あんなに聞き分けがよかったのか。

テレジン収容所の三段ベッド

《男の子の家》は、もともと学校の建物だったって聞きました。そうです、テレジンの街は、街ごと全部、収容所になっていたのです。すぐ前に教会がありましたし、道の反対側には、パン屋の看板がある家もありました。

《男の子の家》は、一つずつは割と広い部屋で、そこに三段ベッドがずらっと並んでいました。汚い部屋でした。大勢の子どもがいるのですから、仕方ないのでしょうが、埃《ほこり》だらけ、泥だらけ、そして、みんなが不潔だから、臭かったですね。

でも、子どもって順応できるのです

よ。わたしは、あるがままの状況を受け入れました。それは、まったく想像もしていなかった世界でしたけど……。

あなたは、テレジンの子どもたちの絵について知っているのですよね。

今、考えると、テレジンの子どもたちは幸せなところだったとも思えるのです。周りにいた大人の人、それは一部の人かもしれませんが、子どもたちのために大変な努力をしてくれたのですよ。生活状況を変えることはできない、どんなに頑張っても、食料の配給量を増やすことなんかできないですからね。でも、せめて、子どもたちには充実した時間を過ごさせようと考えたのです。

その結果が、教室でした。もちろん秘密の教室ですよ。その前から『ニュルンベルク法』で、ユダヤ人の子どもが教育を受けることを禁じていましたからね。それで、わたしたちは学校から追われたわけです。当然、収容所の中でも、教育なんてあるはずがなかったのです。あのころのナチスの考え方では、ユダヤ人は人間じゃない、人間以下の汚い生き物、ブタやうじ虫に教育なんて必要なはずがない……でも、そこで教室が開かれたのですよ。

わたしは、そこで絵を学んだのです。それは、素晴らしい幸運だったと思います。オッ

ト ー・ウンガー、レオ・ハース、ベジュリフ・フリッタが、わたしの先生でした」

どの名前も、前日に、わたしはヤド・ヴァシェムで見ていた。

食事の配給を受けるために並ぶ痩《や》せ細った人々、貨物列車から降ろされる人々、そして、大きな荷物を背負い、子どもの手を引いて収容所への道を行く人々、そんな絵の下につけられていた名札を思い出した。

それぞれ、美術アカデミーで学んだり、芸術家グループに属したり、収容所に送られる以前、すでにプロの画家として活躍していた人たちだった。

「フリードル・ディッカーの絵の教室ではなかったのですか？」と、わたしは聞いた。それまでのわたしは、教室といえば、フリードル先生だと思い込んでいたのだ。

「ええ、わたしはフリードル・ディッカーを知りません。四二年の終わりごろは、子どもの数もいちばん多かったころですからね。いく人かの先生が、《男の子の家》《女の子の家》の、しかもたくさんの部屋を、それぞれ担当していたのだろうと思います。

二十年ほど前に、ここエルサレムで、彼女と子どもたちの絵の展覧会があって、わたしも見に行き、あの絵が奇跡的に残ったのだと聞きました。多分、ほかの教室のものはすべてなくなってしまったのでしょう。彼女も才能ある画家であり、素晴らしい先生だったと思いますが、わたしが、教えてもらった人たちもみなすごかった……おかしな表現ですが、収容所に送られたから、あの先生たちの指導を受けられて、幸運だったと思うのですよ」

そんな幸せともいえる時間があったとはいえ、テレジンの子どもたちの生活が平穏だったはずはない。

「もちろん移送は始まっていました。毎日毎日、朝の点呼で何十人もの子どもが番号を呼ばれ、列から出されるのです。夜の点呼には、その子たちはいない。次の朝も、その次の朝も……。《東》へ送られたのだと、みんなが言っていました。《東》がどこかなんて、何も知りませんよ。ただ、ドイツ兵が、何かというと〝お前ら、《東》へ送るぞ！〟って怒鳴っていましたから、そこは恐ろしいところらしいと、子どもたちもみな分かっていたのです。

ある日、わたしの部屋が空っぽになったことがありましたよ。仲良くしていた友だちもいましたから、これは、悲しかったです……その後、今日にいたるまで、彼らの消息は聞いたことがない。みんな消えてしまったのです」

一九四三年十二月、イェフダにも移送の順番が回ってきた。ただ、不思議なのは、彼の家族が一緒だったということだ。父、母、長姉、そして、《女の子の家》にいたはずの二番目の姉も、指定された時間に集まった列車の発着場に、みんな揃っていたのだという。

「《男の子の家》で呼び出された仲間、みんなの家族がそこにいたのです。女の子のグループもいましたね。みんな久しぶりに家族と会えたわけですから、当然、抱き合ったり、何か話そうとしたりしました。でも、ドイツ兵に追い立てられて、そのまま、列車に乗せられました。

ひどい列車でした。家畜運搬用の貨車だということは後で知ったのですが、小さな窓が一つ上のほうにあるだけの、大きな箱みたいなものでした。もちろん、座席なんかあるわけがありません。電灯もないから真っ暗。わたしと一緒に乗せられたのは、八十人くらいでした。ぎゅうぎゅう詰めで立っているのがやっと、身動きもできませんでした。

でも、わたしたちは、家族がみんな一緒だったから、不安や恐怖は少なかったですね。

もちろん、つらい旅でしたけど……。三日三晩、たった一切れのパンをもらっただけで、水もありません。それに、とても寒かったです。家族みんなでくっついて、それぞれの体温で温め合おうとして、父親が、わたしの手に息を吹きかけてくれていたのを覚えています。それでも、震えていましたよ。途中で、多くの人が亡くなりました」

到着したのはアウシュヴィッツだった。

普通なら、列車から降ろされた人は、すぐに《選別》を受ける。アウシュヴィッツの《選別》のことはよく知られている。貨物列車から降ろされた大勢の人の群れ、人の命を救うはずの医師という職にあるメンゲレが、指の動き一つで、人々の運命を、ガス室行きと、しばらくの労働力の二つのグループに分けたというものだ。

だが、イェフダの家族を含め、そのときの何組かの家族は、まったく《選別》なしに、ある建物——《Terezin Family Block》(テレジン・ファミリー・ブロック)というものだったことは、後で知った——へ連れて行かれたのだという。

そこには、ドイツやオランダから来たユダヤ人もいた。聞いてみると、彼らもみなテレジンから来たというので、彼は初めて、テレジンには自分たちチェコのユダヤ人以外もいたのだと知ったのだそうだ。

ヘルガとプラハで会うことができたのは、イェフダとの出会いの数か月後、日本での展覧会の準備も終盤になったころだった。そこで、わたしは、テレジンに《一日だけの天国》と呼ばれる日があったこと、ナチス・ドイツが、国際赤十字の視察団を迎えるために演じた《大芝居》のことを聞いた。

今、こう話すと、「なんて不勉強」となじられるかもしれない。この《一日だけの天国》のことは、その後、映画にもなり、テレビ番組でも紹介されたが、このとき、一九九〇年にはまだ、テレジンのことはもちろん、アウシュヴィッツについてだって、今のように多くの参考図書はなかったのだ。

ナチス・ドイツが、収容所での暴虐・殺人行為を世界の目から隠蔽《いんぺい》するために、さまざまな策を弄《ろう》し、奇妙な活動を実行していたことなどまったく知らなかった。

もちろん、当事者であるイェフダたちにも、分からないことだらけだった。

「わたしたちは、そこで数か月間を過ごしました。なんと、そこには赤ちゃんやお年寄りの人もいたのです。何だかわけが分からなかったです。だって、そこは《東》なのですよ。《ガス室》そのものは見ていなかったけれど、テレジンにいたころからよく聞いていた『一日中、黒い、とても臭い煙を吐き出す煙突』は見えるのですから、子どもにだって、そこではどんなことが起こっているのか分かります。

それなのに、わたしたち家族は、割と平穏な毎日を過ごしていたのです。

父と母、それと上の姉は、毎朝、どこかへ出かけて行きました。一日働いて、夕方になると帰ってくるのです。何をしていたのか、あまり話はしなかったのですが、手紙を書いているのだと聞いたことがあります。『ここは安全ないいところです。家族みんなで幸せに暮らしています、と書くのよ』って、姉が言ったのです。

わたしたち子どもはやることがないので、建物の前の広場で遊んでいました。遊ぶといっても、遊び道具があるわけでもないし、何をしていたのかな……。騒いじゃいけないのだろう、遠くへ行ってはいけないのだろうって、勝手に思い込んで、みんなおとなしくしていたように覚えています。ほかの子と一緒に遊んだ記憶はありません。わたしは、探してきた棒切れで地面に絵を描いていました。紙があったらなって思いましたよ、紙と絵の具がほしいって。

このままの生活が続くのかなと思い始めたころに、噂《うわさ》が流れてきました。ファミリー・ブロックは解体されるらしいというのです。まだまだ働けそうな若者だけを残して、あとはガス室へ送るらしいという噂でした」

資料によれば、テレジンに来た国際赤十字の視察団が、アウシュヴィッツにも視察に来る予定だったということだ。彼らは、テレジンで、収容所のユダヤ人たちは、十分な食料を与えられ、それぞれに適した仕事をしながら平穏な生活をしているのだと思い込まされていた。そんな視察団に、みんなが恐れている《移送先》のアウシュヴィッツでは、年寄りや子どもを含めた家族が、幸せに暮らしているのだという状況を見せる計画だったらしい。そのために、テレジンに残っていた人たちへの手紙が送られていたのだ。

だが、視察団は来なかった。そして、ファミリー・ブロックをこれ以上置いておく必要はなくなったのだ。

「わたしの父も母も五十代、わたしは、まだ十五歳でした。わたしは、比較的体格がよかったのですが、本当なら、わたしの家族では、長姉以外はみなガス室行きだったでしょう。どういう《選別》だったのか、分かりません」

まだ労働力として利用できるとされたイェフダと父親は、腕に数字の番号を入れ墨され、ビルケナウの普通の収容棟に残された。母や姉とは、そこでの《選別》で別れたのが最後になった。

彼女らの消息はずっと不明だったが、解放後数年たって、イェフダは、ドイツ国内のシュトゥットホフ収容所で一緒だったという人に出会った。その人の話では、彼の母と姉は、解放の二か月前にチフスで亡くなったということだったが、いつ、どういうルートで、そこへ送られたのかは、今も分からないのだという。

「残されて、それからの生活はひどいものでした。同じビルケナウでしたが、それまでとはまったく違って、ああ、これが、テレジンにいたときに『恐ろしいところ』と聞いていた《東》なのだなと思いました。わたしはまだ子どもでしたが、納得のいかないことがたくさんありました。

新しく入れられた収容棟は、ある意味で共同生活なのですよ。当番というか役員みたいな人がいて……その人たちが権力を持っていて、勝手なことばかりしている。パンの配給なんて、まさに不正だらけでした。一人あて二分の一斤《きん》の配給を、三分の一にして、残りは全部、自分たちが取ってしまう。収容所では、パンがあれば、煙草《たばこ》やバターが手に入るのですよ。パンは通貨なのです。ドイツ兵を買収することだってできるのですから。

冬になって、下着が配給になりました。そのときも、ずるい人が何枚も隠してしまって、わたしにはくれないのですよ。

みんなに言って改善してもらおうと思いました。こんなことがあるって、みんな知らないのかもしれない、ちゃんと知らせなきゃ、と思ったのです。ところが、誰にも聞いてもらえない、みんな自分のことしか考えていないのです。少しでも良い状況にしようって言っても、誰も取り上げてくれない。人間に絶望しました……」と、イェフダは、向かい合っているわたしから視線をそらし、遠くを見る目つきをした。底のほうに光をためたような力強い目つきの人だ。

「そのときに、心の底から湧《わ》いてきた思いがあったのです。真実を描いておこう、絵を描くことで、なんとか人間への信頼を持ち続けていこう、そう思ったのです。

画材ですか？　画材なんてものはありませんよ。父親からもらった、小さくなった鉛筆が二本あっただけです。紙は拾い集めました。壁に貼ってあったポスターの切れ端、ごみ箱に捨てられていた封筒や書類、それに描いたのです。

でも、残念ながら、当時描いた絵はなくなってしまいました。どこで？　分かりません。三段ベッドの隅に隠していたのですが、どこへ行ったのか……、見つかりませんでした。

絵を残したいという気持ちは強かったです。

一九四五年、ここアウシュヴィッツという場所に、わたし、まだ十五歳の……本当なら、夢や希望や野心に溢《あふ》れているはずの少年が、確かに生きていたということを、誰かに知ってほしいと思ったのですよ。

生き残れるとは思っていなかったですから。

だって、常に死と隣り合わせで暮らしているのですよ、毎日毎日、何百、何千の人が死んでいく世界です。そこで、自分だけが生き残るなんて考えられませんでした。だから、生きて助け出されたとき、最初に絵を描かせてくださいと頼んだのですよ。それが、あなたが昨日見た父親を描いた絵です」

3　イェフダⅢ

イェフダは、自分が生き残れたのは、命じられた《特殊任務》を一生懸命にやったからだと言った。

その任務というのは、ガス室の死体処理。折り重なった死体を焼却炉まで運び、後でガス室の掃除をするのだが、その間に、死体の肛門に隠されている宝石を探ったり、死体の口をこじ開けて金歯を抜き取ったりするという仕事だった。

そういう仕事があったことは、わたしも知っていた。初めてアウシュヴィッツを訪れたときに、夥《おびただ》しい量の品物――そこに送り込まれた人々が持っていた眼鏡や靴やトランクの山と同じように、その人々の肉体の一部ともいえる髪の毛や金歯などが、犠牲者の遺品として展示されているのを見ていたから。

だが、そんな《特殊任務》に従事するのは、もともと歯科医のような専門の職業の人だったと、本には書いてあったから、十五歳の少年が、そんな仕事をしていたという話は衝撃的だった。でも、彼の話は、その後のほうがもっともっと衝撃的なものだった。

彼は、毎日毎日、ガス室から出る死体の山を処理して、焼却場へ運んでいたのだが、ある日、その死体の山の中に、父親の死体を見つけてしまったのだと言った。

「《特殊任務》に回されてから、父親とは会っていなかったのですよ」

この時期になっても、ドイツ軍は、多少は秘密保持を考えていたのか、《特殊任務》の人の寝泊まりする場所は別になっていたのだという。

イエフダは言わなかったが、後で読んだ本の記述によれば、《特殊任務》担当者は、一定期間で交代し、その事実を知った前任者はガス室へ送られることになっていたという。つまり、「死体処理をした人は、短期間で、自らが処理される側に回されて」いたのだ。

「わたしは、父の口をこじ開けました。小さいころから見ていた金歯がありました。抜き取りました。泣きませんでしたよ……泣けませんでした。黙って、次の死体の口をこじ開けました……まだまだ、たくさんの死体があって、それを限られた時間内に片づけてしまわなければならなかったのです。

金歯を抜かれた父は、大きな口を開けたままでした。それを手押し車に積んで、焼却場へ運びました……。一九四四年七月、多分、十一日に、父は殺されたのだと思います」

長い沈黙があった。百二十分の録音が終わったのか、テープレコーダーがカチッと音を立てて止まったが、わたしは、手を伸ばすことができなかった。

夫人がお茶を運んできてくれたが、カップにも手が伸びない。体が硬直してしまったような気分だった。

「一休みしましょう」

厚手の大きなマグカップを手にしたイェフダが声をかけてくれた。

本当なら、わたしが言わなければいけない言葉なのだ。疲れているのは、つらい過去――思い出したくもないはずの――を語ってくれた彼のほうなのだ。わたしは、それを聞き出そうと訪ねてきた、もしかすると歓迎されない客なのだ。

イェフダ・バコンは自分が見たこと、感じたこと、そしてやってきたことを赤裸々に語ってくれた（1990年、イスラエルにて）

「ごめんなさい」と言おうとして、わたしは彼の顔を見た。カップからあがる湯気の中で、彼の深いまなざしの瞳が和らいでいた。

「どうぞ」「召し上がれ」と、彼と夫人の二人からすすめられて、ようやく手を伸ばしカップをとった。ハーブのいい香りがするお茶だった。「美味《おい》しい」わたしは、夫人のほうを向いてほほ笑もうとした。でも、こんな話を聞いてしまった後で、ほほ笑むことがどんなに難しいか……。

「その後間もなく、わたしたちは、アウシュヴィッツを出されました。寒い日でした。一面の雪でした。

まだこんなにたくさんの人がいたのかと驚きました。毛布を一枚とパンを一塊《かたまり》ずつもらって……、《死の行進》ですよ。途中で多くの人が倒れました。ふらふらと道を外れて、森の中へ歩いて行く人もいれば、最後の力をふりしぼったのか、一目散に走って行く人もいました。どんな人も、列を離れれば、ドイツ兵が銃で撃つのです。白い雪の上に赤い血が鮮やかに見えたことを覚えています。

頑張る、絶対に立ち止まらない、歩き続ける……呪文のように心の中で繰り返していました。考えるのをやめたら、すぐに倒れるだろうと思いました。でも、倒れるわけにはいかないと……」

コシチェルニャックも、コムスキーも、アウシュヴィッツからの《死の行進》の経験者だ。時期がどのくらい違うのか……三人とも、雪の中を歩いたと語っているが、はっきりした月日は分からない。

わたしは最初のころ、何かあったことを聞くとつい、それはいつ、何月何日のことですかという質問をしていた。それが極めてナンセンスな質問だと教えられたのは、ビリーからだった。

「収容所にカレンダーはないのです」と彼は言った。

「大人の収容棟では、はじめは柱に傷をつけたりしました。今日が何日か、自分がここへ来て何週間たったのか、それをきちんと把握しておきたいという思いは誰にもありましたから。いつの間にか分からなくなってしまった……かろうじて、彼ら（ドイツ兵）が休んでいるから、今日は日曜日だってことが分かりました。敬虔《けいけん》なユダヤ教徒たちには、安息日《シャバット》にも休めないのはつらかっただろうと思いますよ。ハヌカ（ユダヤ教のお祭り）の前、蠟燭《ろうそく》の代わりに、拾った木切れに火を灯《とも》したりしていた人を見たこともありましたが、それもできなくなって……。だから、解放されたときに、わたしは、今日は何日ですかと聞きました。それが、知りたかったですね」と。


年表によれば、一九四四年七月二十四日に、マイダネク収容所がソ連軍によって解放され、その数日後には、ほかの収容所から《死の行進》が始まったとある。そして、アウシュヴィッツでの、最後の点呼があったのは、四五年の一月十七日だ。二十七日には、ソ連軍が到着するのだから、彼らが、《死の行進》に出されたのは、この十日の間のことであろうと思われる。いずれにしても、一年中でいちばん寒い時期だ。

二つの収容所を経て、ようやく到着した、ドイツ国内のグンスキルヘン収容所がアメリカ軍に解放されたのは、四月下旬だったという。

それより数週間前に、あの、ユダヤ人をすべて殺そうと考えたヒトラーが、自ら命を絶っていたなんてことは知らなかったのだろうなと思った。でも、知っていたところで、そのときの彼には何の意味もなかったのだろうなと思って、わたしは、その問いを口にするのをやめた。

解放、そして救出。与えられた温かい飲み物を飲んだ後すぐに、彼は、紙と鉛筆をください、絵の具はありますかと、アメリカ兵に言ったのだという。残念ながら、絵の具はなかった。でも新しい鉛筆があった。

「若いアメリカ兵が、ポケットからナイフを出して削ってくれました。健康そうな赤い頬の若者でした。ええ、そうです、本当はわたしのほうが若い、わたしはまだ十六歳でしたからね。でも、わたしは年寄りみたいだったと思いますよ。痩せこけて、しなびていましたから……。鏡なんか見たことがなかったから顔は分かりませんが、日に焼けて、汚れきった手は皺《しわ》だらけでした、顔もひどかったでしょう……。

その兵隊は、わたしにチョコレートもくれました。銀紙を剝《む》いて、わたしの口元に差し出して、にっこり笑ったのですよ。いい笑顔でした。

ああ、普通の生活をしていたら……殴られたり蹴られたりすることなく、人が殺される現場を見ることもなく暮らしていたら……若者はこんな笑顔ができるのだって思いました。わたしは、父親の苦しげに歪《ゆが》んだ死に顔を見てしまったから、その父親の口をこじ開けてしまったから……もう、こんな笑顔はできないのだろうな。

でも、後になって考えたら、あのアメリカ兵は、あの収容所に来るまでに、戦場にいたのですよね。何度も銃弾を浴び、もしかしたら隣にいた仲間が死ぬところを目にして、ときには自分も人に向けて銃を撃っていた……そんなことが考えられるようになったのは、だいぶ時間がたってからでした。

あのときのわたしは、ただただ、あの笑顔の若者が羨《うらや》ましかったですね」

そして、渡された鉛筆で描いたのが《ガス室の記憶》、忘れることのできない父の顔だった。

「これを描くために、あの長い道のりを、倒れそうになる体を引きずって歩き続けてきたのですから。描かなければならなかったのですよ」

「そろそろ終わりにしましょう」と言ったのは、通訳のSさんだった。「もう夜十時になりますよ」

第六章

地図上から消えた村リディツェ

1　リディツェ村との出会い

「アウシュヴィッツやテレジンだけでなく、リディツェのような悲劇の村があることを教えてくれてありがとうございます」

旅から帰って、何人かの人から、そんなお礼を言われた。日本では、ほとんど知られていない地名なのだ。

それでも、二〇一七年の旅に出かける少し前、日本でも『ハイドリヒを撃て！』という映画が公開されると知ったわたしは、「この悲劇の舞台になったところへ行きます」と、参加する仲間たちに知らせ、わたしも見に行った。

映画は、ナチス高官のハイドリヒ暗殺がどう実行されたか、その「実行犯」といわれるレジスタンスの若者たちと、その協力者の姿、そして、あの聖キリル&メトディウス教会での彼らの悲惨な最期までをドキュメンタリーのように描いたもので、同じ事件を描いた『HHhH』（ローラン・ビネ著、高橋啓訳、東京創元社）と同様、自分の故国が、許し難い暴虐《ぼうぎゃく》のもとで蹂躙《じゅうりん》されることへの怒り、無駄な抵抗と分かっていても立ち上がらざるを得ない思いなどが強く胸を打つものだった。しかし残念ながら（？）リディツェ村のことは、追いつめられた彼らの口から「絶滅された」と語られるだけで、映像はなかった。

わたしが初めて、この村の存在を知ったのは、一九九〇年。その前年にプラハで見たテレジン収容所の子どもたちの描いた絵の展覧会をしようと心に決めて、在日チェコスロバキア大使館（当時）を訪ねたときだった。

いきなり、アポイントもなしに訪ねたわたしを迎えてくれたレボラ書記官は、わたしが夢中で語る話に当惑したように、「すみませんが、わたし、それ知りません」と答えたのだった。「あの、モルダウ川に沿った道を入って……」わたしは、プラハ生まれのプラハ育ちだという彼に、地図まで書いて、ユダヤ人街の片隅にあった小さな建物の説明をし、そこでやっと手に入れたフランス語版の『Dessins d'enfant du Camp de Concentration de Terezin』という薄いパンフレットを見せた。

「すみません、テレジンのことは知りません。プラハで、ナチスの悲劇を語るなら、ここの村が……」と、彼がデスクの抽斗《ひきだし》から出してきたのが『LIDICE』というパンフレットと絵はがきだった。

　そこには、何枚かのモノクロの写真があった。燃えている家々、崩れた教会らしい建物、瓦礫《がれき》の下に見える死んだ犬の顔、そして、重なり合うように置かれた多くの死体。

「これは？」と問うわたしに、レボラ書記官は言った。

「プラハの街から近いところにあるリディツェという村です。ナチスの手によって絶滅しました。住民の男はすべて殺され、女の人と子どもは収容所に送られ、建物はすべて、人々の家も、学校も、教会も、役所もみんな壊され、焼かれ、川の流れまで変えて、地図上から抹殺《まっさつ》されました。一九四二年のことです。

　この村の人はユダヤ人ではありません、みなチェコ人でした。このニュースは世界中に大きな衝撃を与えたといわれています。わたしは、まだ生まれる前のことですが、小学校のころから、この村のことは聞いていました。この悲劇の村を忘れないために、近くに『ニュー・リディツェ』という村もでき、毎年六月には、犠牲者を追悼する式典も開かれていました」

「なぜ、この村が？　ここは収容所とはまったく違う場所なのですか」

1991年に筆者が初めて訪れた際のリディツェ村。1942年6月10日、ナチスによる《報復》によって滅ぼされ、地図上から抹殺された

アウシュヴィッツを知り、テレジン収容所のことをやっと知ったばかりなのに、またまた別の大量殺戮《さつりく》の話を聞いてしまったわたしはかなり当惑していた。

パンフレットにある写真とは別に、出された数枚の絵はがきは、なだらかな緑の丘の広がる光景と、バラ園のような光景、赤いバラを手にした少女、そして、子どもの絵が展示されている幼稚園の教室らしい写真だった。その絵は、明らかにテレジンの子どもたちの絵とは違っていた。

「今の写真です。バラ園はリディツェ村の跡につくられたものです。世界中の国々から送られたバラが咲いているのです。こちらは、ニュー・リディツェの保育園のようですね」

レボラ書記官は、絵はがきの裏を見ながら言った。

「このパンフレットは英語版ですから、読んでみてください」

わたしの国は、何度も大きな悲劇に直面していました。ナチスの時代のことは、あなたも知っているでしょう。戦火で焼かれることはなかったのですが、国自体が存在しなくなっていました。戦争が終わって、再興したはずが――わたしは、その後に生まれたのですが――ソ連の支配下に置かれました。《プラハの春》はよくご存じでしょう。日本に来てから知ったのですが、日本の人は、あの事実について、わたしたちチェコ人よりもよく知っていたようですね。チェコでは、あのときに立ち上がった《英雄たち》のことについて、大きな声で語れない時期が長かったですから、あまり知らなかったのですよ。《英雄たち》が、評価されるようになったのは、一九八九年の改革の後からです。わたしの子ども時代、学生時代は、一言でいえば、自由のなかった時代――考えていることを自由に語ることが許されない時代でした。あの第二次世界大戦の事実も、一方的に、当時のソ連の政策や思想のフィルターをかけて、教えられていたわけです。それを、はっきり知ったのは、改革後のことですから、わたしは、恥ずかしいのですが、自国の歴史をちゃんと教えられずに育ってしまったのです」

レボラ書記官は言った。流暢《りゅうちょう》な日本語だった。日本語は、当時のソ連がつくった国際自由大学で学んだのだという。

「とても大変でした。昨年(一九八九年)、改革があって、何もかも変わってしまった。それまで正しいとされていたことが、否定されてしまったのですから、一から真実を学ばなければならないのですよ。今、ここ日本で、わたしはチェコのこと、世界のことを、あらためて学んでいます。

このリディツェ村のことは、子どものころからよく聞かされていました……でも……」

レボラ書記官は、何か言いにくそうに声を落とした。

「リディツェは、あのスペインの小さな町《ゲルニカ》と同様に、悲劇の舞台として世界的に知られることになったが、それ以前は、何の変哲もない、小さな静かな村だった。しかし、一九四二年五月、ナチス・ドイツの保護領となったチェコのボヘミア・モラビアの副総督、ラインハルト・ハイドリヒが暗殺されたことに対する、復讐と憎悪が、この村に向けられ、村民はみなごろしの対象となった」

パンフレットは、そんな言葉で始められていた。

スペイン内戦の中で、ドイツ軍の無差別爆撃で徹底的に破壊され、老人や子どもや女性たちが大勢、犠牲になったゲルニカのことは、あのピカソが描いた絵《ゲルニカ》で、日本人であるわたしたちも知っていた。

あの絵が、日本で話題になったのは、いつごろだったのだろう。確か、大学生だったころ、新聞だか雑誌だかに、あの絵の細部の写真と説明が載っていて、それを見て友人と話したことがあった。当時のわたしたちに、あの絵を理解することは難しく、そのときに、誰かが言った言葉がみんなの話題の中心に移ったことをよく覚えている。

「東京も大阪も名古屋も、日本中いたるところが、無差別爆撃の対象だったのだぞ。ヒロシマやナガサキの大量殺戮はもちろんだけど、日本のあちらこちらで非戦闘員が爆撃で死んだ事実について、糾弾《きゅうだん》しなければならないはずなんだ」

「そう、わたしの祖父は、畑仕事をしていたときに機銃掃射《きじゅうそうしゃ》で殺されたのよ」

「うちの周りは、ものすごい数の焼夷弾《しょういだん》が落とされて、何人もの人が死んだよ」

わたし自身も、戦災で家を失っている。都会だけではない、地方の――当時は田舎と呼ばれていた農村に住んでいた友人たちも、ほとんどが、B29が、降りそそぐように落とした焼夷弾の爆撃や、間近に迫ってきた機銃掃射を知っていた。その下を逃げまどった経験を持っていた。だから、「無差別爆撃」という言葉には、それぞれの思いがあった。

高度経済成長といわれ、「戦後」の荒廃や、貧窮や、悲嘆などを忘れ、華やかな青春群像を描くアメリカ映画や音楽に夢中になりながら、それでも、あのころのわたしたちには、みな、それぞれの《ゲルニカ》の記憶があるのだと思っていた。

……そんなことを思い出していたわたしを、レボラ書記官の声が現実に引き戻した。

「……でも、わたしが昔教えられていたのは、リディツェ村の人々の悲劇というより、ナチス・ドイツに対する抵抗運動《レジスタンス》の中心だった共産党員たちの英雄的行動に重点が置かれていたように記憶しています。

このパンフレットは、最近出たものです。だから、ゲルニカと同様に、無垢《むく》な村民たちの殺戮という視点に大きく変わったのだと思います。今、ここには、祖国を愛する若い兵士たちによるハイドリヒ暗殺、それに対するナチスの報復で起こった悲劇と書かれています。共産党という言葉はなくなっています。

いずれにしても、犠牲になったのは、普通の人たちです。村人がみな殺されたのですよ。その事実は変わりません。ただ、それについての解釈は、わたしが子どもだったころと今では違っています」

2　村人たちの写真

わたしが、初めてリディツェを訪れたのは、一九九一年、『テレジン収容所の幼い画家たち展』の最初の一年間の予定が終了した直後だった。プラハのユダヤ博物館に、一年間の契約で借りていた六枚の原画を返却し、大きな反響だった展覧会の報告とお礼をしたら、二日間くらいはのんびりと休暇をとろうと思っていた。

一年ぶりに訪れたプラハは変わっていた。チェコ（いや、このときはまだチェコスロバキアだった）の改革は、《ビロード革命》といわれるほど穏やかで、スムーズな政権交代だった。《プラハの春》のような悲劇は起こらずに、劇作家ヴァーツラフ・ハヴェルが大統領に就任したことは、日本でも大きく報じられていた。

もともと世界に誇る美しい街であり、音楽や演劇や文学、いわば文化の宝庫であり、観光資源も豊かな国なのだ。

世界中から観光客が集まってくるようになっているという話は、レボラ書記官から聞いていたが、カレル橋の上が雑踏《ざっとう》して、ドイツ語やスペイン語が聞こえているのには驚いた。アウシュヴィッツにも多くの観光客が集まっているという……数日後に行こうと思っているのだが、妙な気分だ。大賑《おおにぎ》わいの収容所なんて、喜ぶべきなのかどうか……。複雑な思いだった。

もしかして、リディツェにも観光客が来ているのかしら？　と少し心配しながら、わたしは、プラハ中央駅からタクシーに乗った。

「リディツェ村へ行ってください」

街の雑踏を抜け、空港へ向かう広い道を走り、少し行くと舗装されていない道になった。両側は畑だ。

「何番地？」と運転手に聞かれて、わたしは、博物館に行きたいのだと答えた。破壊され、抹消《まっしょう》された村の近くには、戦後につくられた「ニュー・リディツェ」という住宅街があるのだ。

タクシーが停まったところは、ただの草原、駐車場の標示もないが、少し先に白い建物があるのは分かった。帰りのタクシーなんか拾える場所ではなさそうだった。

「待っていてもらえますか」と頼まなければならない。

わたしには、こういうときに行う大切なやり方があった。ここで、二時間、三時間、わたしは見学してくるから待っていてほしい、帰りは××ホテルまで送ってほしい、それで、いくらかと聞き、それをすべて紙に書き、サインをしてもらい、さらに、ちゃんと実行してくれたら、いくらのチップを払うと、わたしもサインするのだ——今、こう文字に書いていると、何だか嫌《いや》らしいやり方だった気もするが、あの当時、ポーランド語もチェコ語もまったくしゃべれない、日本のタクシー事情や安全神話に慣れきっているわたしにとっては、極めて適切なやり方だったと思うし、それを実行することで、危険なこともなければ、不愉快な思いをすることもなく、ときには、思いがけないほど親しく話し合えるきっかけになって、その後、何度か絵はがきをやりとりした運転手もいたのだ。

運転手（このときはもう白タクではなく、ちゃんとしたタクシーだったが）は、「博物館を見たら、外へ出て、ゆっくり歩いてくるといいよ、村の跡はとても広いから」と言った。

博物館は、立派な建物だった。横に、大きな柱で囲まれた場所があり、その中央の炉のようなところに深紅《しんく》の炎が見えた。

イスラエルのヤド・ヴァシェムでは、一つの建物の床に、多くの収容所の名前が刻まれ、その中央で平和を祈る火が燃えていた。アウシュヴィッツ、ベルゲン・ベルゼン、マイダネック、ソビボール、テレジエンシュタット……、初めてのとき、わたしには耳慣れない名前もあったことを思い出した。

でも、ここリディツェの名はそこにはなかったはずだ。あそこにあったのは、ナチス・ドイツが《ユダヤ人絶滅作戦》のためにつくった収容所、多くのユダヤ人の命を奪った場所の名前なのだ。

ここ、リディツェは違う。ここに住んでいたのはチェコ人だった。

入り口の重いドアを押して入ると、正面の壁いっぱいに、顔写真が並んでいた。すべて男性の顔だ。左手の壁には女性の顔。いったい、いくつの……？　上のほうの写真はよく見えないが、見やすい場所にあるものだって、ピントが合っていないのかぼやけていたり、白っぽく褪色《たいしょく》していたり、笑顔の人もいれば、警官か消防士らしい制服制帽で改まった人もいる。男性の多くは、ネクタイを締めスーツ姿だが、女性のほうは、野良着《のらぎ》姿のような人、頭をスカーフで包んだ人、何か大声でしゃべっているように口を開けている人、顔半分が何かの陰に隠れてしまっている人など、写真はさまざまだ。

「日本からですか。遠くから来てくださって、ありがとうございます」

入場料を払おうとするわたしに、受付の女性が言った。ゆっくりした英語だった。このネイティブでない人の英語は、あまり英語が上手ではないわたしにはとても助かる。

「分かりますか。すべて、犠牲になった村の人々です。ここに住んでいた人はみな殺され、家にあったものはすべて焼かれましたから、この人たちの写真を集めるのは、本当に大変だったのです。村の外に、親戚や友人がいて、写真を持っていてくれたから、やっと集まったのですよ」

　一九四〇年代、日本でも、写真を撮る機会はそんなにはなかっただろう。学校や会社で記念写真を撮ることはあっても、遊んだり、働いたりしているところを撮るスナップ写真なんか珍しいものだったに違いない。

　これだけの男性が、あの、一九四二年六月十日の夜、すべて殺されたのだ。

《その夜、村にいた男性百七十三人が、家から連れ出され、ホラーク家の果樹園の納《な》屋《や》の前に並ばされ、銃殺された。近くのクラドノの鉄工場で夜勤だった人、親戚へ泊まりに行っていた人、帰ろうとして事件に

リディツェ博物館に飾られた村民の写真。192人の男性はすべて殺害され、女性と子どもは収容所に送られた

気づき逃げた人など十九人も、翌日に捕まって殺された》という解説があった。

男性はすべて殺され、女性と子どもは、収容所に送られたということは、レボラ書記官からいただいた資料で読んではいたが、館内に展示された写真の多さには驚いた。

積み重なった遺体、壊された建物、つぶれたバケツ、農機具、脚の一本だけを宙に上げて倒れている牛、燃え上がっている教会らしい建物、建物の瓦礫に挟まれた犬の顔、ひっくり返された墓石……。崩れた家の前で得意げにポーズをとるドイツ兵たちの姿、三脚に据えられた大きなカメラ、ワルシャワ・ゲットーの写真集などで見ていたのと同じような写真。すべて加害者であるナチスの手によるものだ。


「映画を上映します」と、受付の女性が声をかけてくれた。

小さな映写室、スクリーンを前に、背もたれもない木のベンチがいくつか並んでいる。

さっき見た写真にあった、ナチスの撮影隊が撮った映像を中心に編集したものなのだろう。

静かな田舎町の平和な風景から映画は始まった。長い鋤《すき》のようなもので、枯れ草を荷車に積んでいる男性、数羽のアヒルが歩く庭で、洗濯物を干している女性、モノクロのあまり鮮明とはいえない画面だった。

右手を高々と上げているのは、ここチェコの半分ほどを勝手にナチス・ドイツの保護領と決め、乗り込んで来た副総督ラインハルト・ハイドリヒ。当時ヨーロッパ全域に住んでいた一千百万人のユダヤ人をすべて殺そうという恐ろしい計画に、その名を残した人だ。

行進するドイツ兵、鉤十字《かぎ》の旗がはためくプラハ城……カーブを曲がっていくトラム、銃声、傾いた車。レジスタンスの若者の銃弾が、ハイドリヒを傷つけたのだ。

そして、画面は、一九四二年六月十日の惨劇になる。リディツェ村が、暗殺を実行したレジスタンスとどんな関係があったのかは、正確に分かってはいないのだという。捕らえられた彼らの一人のポケットの中に、リディツェ村の住所を書いた紙きれが入っていたとかいう程度の、いわば、根拠らしい根拠もなしに、ナチスは、この小さな静かな村を復讐の標的にしたのだ。

その結果として、スクリーンに映る死体、死体、死体……百九十二人の男性はすべて銃殺され、女性と子どもは別れ別れにされたのち、別々の収容所に送られたのだ。

村が焼かれ、壊され、消されていく画面に続いて、プラハ市内の風景が映った。

レジスタンスのメンバーが逃げ込んだ、聖キリル&メトディウス教会だ。ここへ来る前、わたしは、そこを訪ねていた。モルダウ川にも近い、多くの人が行き交うところに、その教会は、当時のままの姿をさらしていた。無数の銃弾の痕《あと》がある壁に、若者と、彼らを匿《かくま》い、自らも犠牲になった神父のレリーフ像がある。いくつもの花束が置かれていた。

その下の小さな窓、そこから、太いホースが入れられ、大量の水が流し込まれた。教会地下に籠城《ろうじょう》する若者に対して行われた水攻めだ。長く激しい戦闘だったと、ガイドは言った。「大勢のドイツ兵を相手に戦って、最後に、三人は自ら命を絶ちました」と。

その、すさまじい銃撃や水攻めの場面は、ドイツの撮影隊が撮っていたのだろう。そして、群がる人々の足元に横たわる死体もスクリーンに映し出された。

見終わって、わたしは立ち上がることもできないほど疲れていた。

ハイドリヒに銃を向けた人たち、そして、彼らを支えた抵抗運動家たちはもちろん、匿った家族も——匿ったと疑われただけの親戚や友人たちも、みな逮捕され、過酷な拷問《ごうもん》を受けて殺されたという。

何という恐ろしいことをしたのだろう。これは、戦争ではない、それなのに、教会の壁に残るあの大量の銃弾の痕、そして、まったくの廃墟《はいきょ》となった静かな田舎の村、どちらにも無造作に置かれていた死体。

わたしは、テレジン収容所にいた子どもたちが——子どもだからと、何の配慮もされず過酷な生活を強《し》いられていた事実を知っていた。その子どもたちが送られた、一度に二百人を殺すアウシュヴィッツのガス室も見ていた。でも、どうして？　という疑問が消えない。どうして？　どうして、人はここまで残酷になれるのか。

「ハロー」ドアが少し開いて男が顔を出した。慌《あわ》てて立ち上がると、受付の女性もいた。

「なかなか出てこないので、運転手さんが心配してきたので……」

女性が小さく笑った。

「丘の下のほうまで案内してあげようと思って待っていたのだけど……」と運転手が言った。「ここに座っていたのですね」

わたしは、人が心配するほど長い間座っていたのだろうか。慌てて立ち上がり外に出た。

博物館は、高いところに建てられているのだ。出て少し行くと、まるで展望台にいるかのように、下には、なだらかに広がる丘があった。

「ここがリディツェ村だった」

運転手が言った。

「教会があって、学校があって、果樹園、農園、牧草地……それぞれの家が、牛や羊を飼っていたから、それらの小屋や、飼料を入れておく納屋もあった。小さな村だけど、近くのクラドノの鉱山に働きに行く人もいたから、結構、豊かな村だったと聞いています」

なだらかな丘は、春になれば、もっと草が生え、伸びるのだろうが、その日はところどころに雪が残る、まだ春浅い、というより冬の終わりの気候だった。それでも、よく見ると、草の間に小さな花がある。ヒナギクをもっと小さくしたような白い花。

わたしは、花を踏まないように歩いた。踏んだら泣き声が聞こえるような不安があったのは、一九四二年六月十日のあの日、この村の、この土の上に、百七十三人の男性——その後すぐに、収容所に送られた子どもたちが大好きだったおじいちゃんやお父さん、お兄さんたち——の遺体があったことを知っているからだ。

さほど大きくはないところを見れば、のちに植えられた木なのだろう、何本かの木が並ぶところに、細い木を組み合わせた十字架が立っていて、そこには、茨《いばら》の冠《かんむり》なのか、有刺鉄線を用いたらしく鋭い棘《とげ》が見えるリングがかかっている。その下に、赤い色が見えるのは、誰かが供《そな》えた花だろう。ここには墓はないのだ。

「あのあたりが、男性たちが殺された場所らしい」と、運転手が言った。

「わたしは当時は子どもだったから、詳しいことは知らない。後になって親から聞いたり、新聞や雑誌で知ったことだけど、あの戦争で爆撃を受けなかったチェコにとっては、最大の悲劇だ。普通の村、普通の人たちだったのだよ。農業や牧畜をやる人、近くのクラドノの鉱山に働きに行く人、ナチスの占領下で、生活にはいろいろ面倒なことはあったけど、まあ、平穏に暮らしていた人たちだ。

あのころ、チェコ人はみなナチスを嫌がってはいた。だから、抵抗運動はあったけど、その報復が、一つの村を失くすことになるとは思ってもいなかったと、父親がいつも言っていたよ」

そのころ、リディツェ村の跡の広い野原には、まだ何のモニュメントもなかったが、しばらく後に、犠牲になった子どもたちの像をつくっている女性彫刻家がいて、彼女を支援したいと秋田のKさんという女性がカンパを集めているという話を聞いた。もちろん、すぐに連絡をとり、わずかではあったが協力させていただいた。

そして、その数年後、子どもたちの群像が建てられた。あの村で暮らしていた子どもたちの写真を集めることは難しく、彫刻家は、あの悲劇後も各地で起こる内戦や紛争の中で傷つき、飢え、取り残され、泣き、悲しみ、苦しむ子どもたちの写真をもとに、一人ひとりの姿を創り上げたのだという。

今、わたしは旅の仲間をいつもそこに案内

リディツェ村に建てられた子どもたちの群像

している。行くたびに、子どもたちの声を聞く。あの一九八九年にテレジンの子どもたちの絵から聞こえたのと同じ声が聞こえるのだ。「もっと生きていたかった」と。

3　ドイツ人にされた子どもたち

ここリディツェ村では、銃殺や破壊のほかに、もう一つ大きな悲劇がある。

一九九〇年に、初めて、この村の資料を提供してくれたレボラ書記官が話してくれたのだ。

「リディツェに住んでいた子どもたちの多くは収容所に送られて殺されたのですが、金髪で目の青い――つまり、当時のナチスが言っていた『理想的なアーリア人の外見』の子どもだけが選ばれて、ドイツへ送られました。もちろん、そのころのチェコの亡命政府もそんなことは知らなかった、知らされてはいませんでした。その子たちは、一人ずつナチスの高官の家庭などに引き取られて、ドイツ人の子どもとして育てられたのです。

戦争が終わって、あの村で起こった悲劇が明らかになるにつれて、そんな子どもたちがいたという事実も分かってきて、調査が進んだのです。子どもの存在がはっきりして、チェコに帰されることになったのだそうです。

でも、帰ってきても、家はない、父親はいない、祖父もいない、そんな子どもたちです。母親たちはみな収容所に送られていました。生きて帰った女性は百人足らず、そして、家族のもとに戻された子どもは、たった十七人でした」

「村にはもともと百五人の子どもがいたのですね」

資料のページを繰《く》りながら、わたしは尋ねた。

「そうです。そのうちドイツ人化に選ばれたのは、十人だけ。その後、追加で七人が選ばれたから十七人ですね。あとの子どもはヘルムノ収容所に送られた……つまりドイツ人にされなかった子どもはみんな殺された……」


リディツェの博物館には、学校で撮った記念写真らしいものが二枚展示されている。最前列に座った男の子たちは足を組み、腕を組んで、ちょっと眩《まぶ》しそうに顔をしかめている。靴下に運動靴のような靴を履《は》いている子もいれば素足の子もいる。大人っぽく、開襟シャツにジャケット、長ズボンの子もいれば、半袖のシャツに半ズボンもいる。女の子もフリルがいっぱいついたブラウスにネックレスをつけた子、髪を大人のように結《ゆ》い上げた子、大きなリボンをつけた子などさまざまで、みな少し緊張したような表情だ。この中の、どの子が生き残れたのか、どの子が母親と再会できたのか。

張り紙には、英語で《当時のリディツェ村の小学二年生。この中で、終戦後に無事に戻れたのはわずか三人だけだった》と書いてあった。

「生きて戻れた子どもたちの、その後のことは、少しだけ聞いていました」

とレボラ書記官は言った。

「新聞に出ていたのか、親から聞いたのか、それはよく覚えていないのですが、高校生のころに、授業でリディツェに行きましたから、そんなときに聞いた話かもしれません。

子どもたちは、ドイツの家庭で厳しい教育を受けていたのです。いわば洗脳されていたのです。お前たちはドイツで生まれた子どもなのに、悪いチェコ人に攫《さら》われたのだ。お前の親は、そのとき、チェコ人に殺された。やっと、わたしたちが救い出したのだ。もう、あそこでの生活は忘れ、わたしたちを本当の親だと思ってドイツで幸せに暮らそう……。

何も分からない子どもたちは、それまでの農村での暮らしから、ドイツの都会の裕福な家での生活になり、ドイツ語の名前で呼ばれ、チェコ人は親の敵だと繰り返し聞かされ、いつか自分は親の仇《かたき》をとらねばならないという気になっていたでしょうね。
それが、突然、お前は本当はチェコ人だ、ドイツ人こそが、お前の両親を殺したのだと言われて、すぐには理解できなかっただろうと思いますよ。チェコへ引き取られることになったときにも、ドイツ人の母親に抱きついて、泣いて、離れなかったと聞いています。ひどいことをしたものです……」

リディツェの博物館の近くにはバラ園がある。戦争の悲劇を知る世界中の国々から、平和を祈って贈られたバラの苗を育てているという。初夏に行くと、赤やピンクや、白、黄色の大きい花や小さい花が、いっぱいに咲く。その中には、広島から贈られたバラもあれば、アムステルダムの隠れ家の庭にあったという「アンネのバラ」もある。戦争の悲劇、愚かさを伝え、平和の大切さを訴える人たちから贈られたものだ。

十年ほど前、ディタ・クラウスの夫、オットーが亡くなったことを知らされ、日本から花を贈ったことがあった。花屋さんでは、わたしの注文どおりのアレンジメントをつくり、その写真をイスラエルの花屋に送ると、向こうでそれと同じようなものをつくって届けてくれるのだという。

わたしは、白いトルコキキョウをメインに、薄紫の同じ花と、淡《あわ》い水色の花を少し加えて、白い籠《かご》に盛ってもらった。数日後、ディタから、とても嬉《うれ》しかったというお礼の手紙が来たが、そこには「なぜ白い花なの？」という言葉があった。

そうか……テレジンの墓地に行ったときに、案内をしてくれたヤナが「チェコでは、墓の周りには赤いバラを植える」と言っていたのを思い出したが、わたしの感覚では、霊前なら白い花、深紅のバラは違うなという感覚は捨てられなかった。ただ、国によって習慣は違うのだということをあらためて感じたものだった。

そんなことを思い出しながらバラ園のバラの名前を見て歩いていて、わたしは、ふとリディツェの子どもたちはどうだったのだろうと思った。幼いころから身についた習慣のようなものは、新しい生活の中で齟齬《そご》を生じたりしなかったのだろうか……。

ドイツに送られた幼い子どもたち。言葉は、教えられれば、新しいものを覚えることはできるだろう。だが、生活習慣やしきたりは……。国境を接しているとはいえ、歴史や宗教や民族などから生じる暮らしの習慣などを切り替えることができたのだろうか。そう考えると、あの子どもたちのつらさが、あらためて身にしみるように思えた。

4　ヒトラーの子どもたち

あの当時、ドイツ人化されたのは、リディツェの子どもだけではなかった。

占領下にあったポーランドでは、ナチス・ドイツのゲシュタポの手によって誘拐された子どもが何人もいた。金髪で青い目、細面《ほそおもて》で鼻筋が通った子どもたちを拉致《らち》し、施設で厳格な教育を受けさせたのち、ドイツ人の家庭に養子として引き渡したのだという。

アロイズィ・トゥヴァルデツキの『ぼくはナチにさらわれた』（足達和子訳、平凡社）を読んだのは、テレジンの展覧会が始まって忙しく動き回っていたころだった。テレジンの生還者《サバイバー》たちと会い、話を聞く中で、まだまだホロコーストについては知らないことが多過ぎる、もっともっと深く暗い闇の中に、手探りで入って行かねばならないと思い始めているときだった。

アウシュヴィッツをはじめとする絶滅収容所、ガス室での大量殺戮、ベルゲン・ベルゼン収容所などの解放時の死体の山、ブルドーザーでの死体処理、死体の皮膚を切り取ってつくったというランプ・シェードや、死体から出る脂《あぶら》でつくった石鹸、幼い子どもを使っての人体実験、人間はこんなにも痩《や》せられるのかと思うほどに痩せ細った少年たち、さまざまな写真を見た。何冊もの本を読んだ……どれもショックだった。あれは、すべて人間のしたこと、人間は人間に対して、こんなにも残虐になれるのだ……と思うと、背筋を冷たいものが走り、食欲がなくなった。眠れない夜が続いた。

なかでも、わたしの心を冷やしたのは《レーベンスボルン》＝命の泉といわれる施設の存在だった。

ヨーロッパの国々を占領し、「ドイツを、世界で最も強い、最も大きな国にする」というヒトラーの野望が着実に進みつつあったころ、戦争による人的損害に加えて、ドイツは、人口増加率が低迷していたという。これは大問題だっただろう。ヒトラーが謳《うた》い上げる《千年帝国》を実現するには、優秀なドイツ人を増やさなければならない。

「女性は、既婚・未婚を問わず、三十五歳までに四人の子を、純血なドイツ人男性との間で産むことを義務とする」

「優れたナチス親衛隊員は、二十六歳までに結婚し、四人以上の子をつくらねばならない」

そんなバカな……、今どこかの大統領が、そんなことを言ったら、その国民だけなく、世界中から嘲笑《ちょうしょう》されるような話である。だが、それが実行されていたのだ。体格がよく、健康で、しかも金髪で目の青い高級将校や親衛隊員たちは、選ばれた若い女性たちのいる《レーベンスボルン》と呼ばれる施設に送られて、豪華な食事を与えられ、ただただ子どもをつくるために、その女性たちと結ばれたのだという。そして生まれた優秀な子どもたちは、父親はもちろん、母親からも離されて、これも特別な施設である《子どもの家》で育てられたというのだ。

最近、ネットで興味深い映像を見ることができた。

二〇一七年にフランスでつくられたという『ヒトラーの子どもたち』、当時フランスにあった《レーベンスボルン》の話だった。ドイツ国内だけでなく、フランス、ベルギー、ノルウェー、デンマークなどに、いくつもの《レーベンスボルン》が存在したということを、初めて知った。

もうドイツ国内だけでは足らないと考えたのだろうか。女性はドイツ人でなくても、いわゆるヒトラーの考える《アーリア人種》の条件を備えていればよく、男性はすべてナチス親衛隊員だったという。

モノクロの画面に、大きな台の上にうごめく無数の赤ん坊の姿が映った。生まれて間もないのか、素っ裸の赤ん坊を何人かの看護師が、無造作に、まるで何か品物を扱うような手つきで、別の箱に移しているのだ。

お城のような立派な建物、中にいくつの部屋があるのか、何人の選ばれた女性がいるのかは分からなかったが、あの大量の赤ん坊の存在は、その扱われ方のぞんざいさよりも、もっと衝撃的だった。

彼らが健康に育ったら、ドイツのすごい戦力になったであろう。だが、その数年後にヒトラーは自ら死を選んでいるのだ。残された赤ん坊は……映像では、研究者の手によって、自分の出生の秘密を知ることになったフランス人の半生が語られていた。《レーベンスボルン》の資料は少ないという中で、この、すでに初老のフランス人は、父親の親衛隊員の写真を見ることになる。母親は、彼と肩を組んでほほ笑んでいた。

たった一日、一夜、時間を共有しただけで別れて行く男と女、そんな姿を想像していたのだが、ここでは、フランス女性とナチス親衛隊員は「普通の若い男女」のように、肩を組んでほほ笑んでいたのだ。父親の存在を知らなかったフランスの子ども——画面に映るのは、もう初老の男だった——は、その写真をじっと見つめる。皺《しわ》だらけの頰《ほお》に涙が流れた……どんなに救われただろうと思った。

彼は、母親とともに、戦後の、貧しく、しかも過酷な幼少期を過ごしたに違いない。わたしは、古い映像や本で、占領軍のドイツ兵と通じた女性に与えられる罵《のの》りや蔑《さげす》み、ときには暴力のことを知っていた。彼らの暮らしは平穏なものではなかっただろう。今だって決して裕福な暮らしをしているとは思えない男。自分の出生が望まれたものではなかったらしいという思いを常に持ち続けていた男。

彼は、古い写真で、初めて父親の姿を見たのだ。多分ほんの短い時間だったであろうが、母親は、彼の父親になった人と親しくほほ笑むことができたのだ。

あの無数にいた裸の赤ん坊の中の何人が、その後の人生を幸せに生きられたのだろうかと、見終わってもう何日も過ぎているのに、なぜかあの、うごめいていた赤ん坊の群れが忘れられずにいる。


《レーベンスボルン》を生んだ思想はおぞましい。だが、そこで産ませる計画だけではまだ足りず、「人口を増やさねばならない」という至上命令の下で拉致《らち》や誘拐もあった。

リディツェ村の子どもたちだけではない。先に触れたアロイズィ・トヴァルデツキのように、拉致されて、ナチス・ドイツの人口増の計画の中に組み込まれた人もいたのだ。当時ナチスが「劣等民族」と蔑視していた他民族、ポーランド人であっても、その外見が美しく、ナチスが「理想」と決めた規格に当てはまり、しかも厳しい検査によって優秀になり得ると診断された子どもたちは、《ドイツ人化》されることになったのだった。

ポーランドから攫われた子どもは、二十万人以上もいたという。

アロイズィ・トヴァルデツキの親——ポーランドの実の親も、ドイツの理想的な家系の養親も――が、ともに、いい親だったことは幸せだった。養祖父のことを尊敬していたと彼は書いている。しかし、実の母が彼を取り戻したいと思ったのも、これは当然のことだろう。彼は悩み、葛藤《かっとう》する。

その結果、彼は、実の母に会うためにポーランドへ帰る。どちらの家族にも試練は厳しかっただろう。だが、彼らはそれを受け入れざるを得ないのだ。もうすでに消滅してしまっているナチス・ドイツの政策に怒りをぶつけることもできず、二つの家族は、すべて自分たちの愛情と理性で処理せざるを得ない。

こんな悲しいことがあるだろうか……読みながら何度もわたしはそう心に問いかけた、わたしだったらどうする？　わたしはこんなに冷静に運命を受け入れることはできない。泣き、怒り、叫び、でも、どうにもならないのだとしたら……、恨みや憎しみは誰に向ければいいのか、呪詛《じゅそ》の言葉を誰に向かって吐けばいいのか……。

彼らのことは、六百万とも六百五十万ともいわれる犠牲者の数には入っていないのだ。だが、あれから七十年以上もの年月を経た今も、立ち直れないでいる人がいるはずなのだ。そう思うと背筋が冷たくなり、キーボードを打つ指先が震えた。

第七章

ナチス高官の子孫たち

1 アーモン・ゲートの子、そして孫

二〇一九年三月、またチェコ、ポーランドへの旅をした。テレジン、アウシュヴィッツがメインの旅だとはいっても、二度目、三度目の参加者もいて、毎回少しずつ見学場所を変える。前回は、コルチャック先生ゆかりの地を選んでいた。

今回は、クラクフのユダヤ人街カジミエージュから、ゲットー跡、プワショフ収容所、シンドラー博物館などだった。

四、五年前に、わたしは『祖父はアーモン・ゲート』(ジェニファー・テーゲ、ニコラ・ゼルマイヤー著、笠井宣明訳、原書房)という本を読んでいた。表紙はモノクロ写真で、黒い肌の女性の顔、大きな目がじっと正面を見つめている。嘘《うそ》でしょ？　と思った。あのアウシュヴィッツの収容所長ルドルフ・ヘスよりも冷酷に収容者を殺したといわれるプワショフ収容所長のアーモン・ゲート、その孫が黒人なんてあり得ないと思った。

映画『シンドラーのリスト』では、アーモン・ゲートの残酷さが印象的だった。

収容所を見下ろす自宅のベランダで、上半身裸で銃を手にして立っていた男、煙草《たばこ》をくわえながら立ち去っていく少年を狙い撃ちした男、建物の設計のずさんさを訴えた女性を無表情に撃ち殺した男……それは映画で見た姿だったが、わたしの中でアーモン・ゲートは、酒を飲みながら、表情も変えずに人を殺せる残酷な男のイメージだった。その男の孫が……黒人女性の顔から、彼を想像することは難しかった。

《私をきっと撃ち殺したに違いない》――派手なピンク色の帯には白抜きの文字があった。その言葉に惹《ひ》かれて、わたしはこの本を手に入れたのだった。

その衝撃は大きかった。ジェニファー・テーゲ、一九七〇年生まれ、母親モニカ・ゲートとナイジェリア人との間に生まれた子。その母モニカは、一九四五年十一月にアーモン・ゲートの娘として生まれたのだという。一九四五年十一月――そのころ、アーモン・ゲートは妻とともにいたというのか。子どもの誕生を祝っていたのか……確か、四六年に絞首刑になったはず、映画のラストで、そんな文字を見たと記憶していたが……。わたしは少し混乱し、持っているさまざまな本のページを繰《く》った。

そして、この本より前に『それでも私は父を愛さざるをえないのです』（マティアス・ケスラー著、伊藤富雄訳、同学社）という本が出ていたのを知った。サブタイトルは《『シンドラーのリスト』に出てくる強制収容所司令官の娘、モニカ・ゲートの人生》。そして、薄い黄色の帯には《父は「民族の殺人者」、ユダヤ人の大量虐殺《ぎゃくさつ》の実行者だった。》という太い文字が並んでいた。

どちらの本を先に読めばいいのか、わたしは迷った。

モニカ・ゲートの本は、彼女が書いたものではなく、マティアス・ケスラーが彼女にインタビューした記録である。四十八時間にも及ぶ、たった二人だけの時間だったという。そして、その際、ケスラーは五百ページを超《こ》える裁判記録を持参したと。

インタビューは、ケスラーの「私たちの試みを『偽《いつわ》りの人生の中には真の人生は存在しない』というテオドル・アドルノのモットーにしたがって進めたいと思います」という言葉で、短い問いに答えさせる形で始まっていた。

「『暖かさ』といえば何を思い浮かべますか？」「暖かさですって？　太陽」という具合に、ケスラーが考えるキーワードに答えさせるやり方で始まったインタビューは、三日目には、『民族殺害者アーモン・ゲートの裁判』という裁判記録の内容を紹介しながらの質問にまで及ぶ。

――「父親」？

父親……身震いすること。

――「母親」？

想い出。

――あなたはお父さんが犯した犯罪行為のせいで、お父さんを憎んだことがありますか？

父を憎んだことなど一度もありません。そもそも私には父の犯罪行為が理解できなかったのです。またその頃私がまだ生まれていなかったのが悪いのだと思いました。私だったらそうした犯罪行為を阻止していたでしょうから。

その後、二人は映画『シンドラーのリスト』を見ながら話を進めるのだが、ケスラーの問いは常に鋭い。そして、モニカの答えは具体的で、断定的だ。

「父はとても知的で、非常にユーモアにも溢《あふ》れた人間でした」と言い、母と父との恋愛についても、プワショフ収容所の屋敷での贅沢《ぜいたく》な生活についても、まるで見ていたことのように語る。

しかし、実際のモニカ・ゲートは一九四五年十一月七日生まれ。生後どれほどの時間を父と過ごしたのか……。

「父」アーモン・ゲートは、ドイツの敗色が濃くなり、まさに最後のあがきのように、各地の収容所に残されたユダヤ人の大量殺戮《さつりく》を続けていたときに、横領の容疑で逮捕され、四五年はじめに無罪の判決を受けた直後に親衛隊を除隊、名前を偽って、恋人であり、モニカの母親であるルート・イレーネとともに暮らしていた。あの収容所の庭を見下ろす部屋での、宝石と高級シャンパンと葉巻の匂い、部下の追従の笑いに囲まれた生活が、二人の蜜月だったとすれば、名前を偽り、人目を避けて住む暮らしは――その間にモニカを身ごもった――いわば第二の蜜月だったのか。だが、その日々は短く、数か月後にはアメリカ軍によって逮捕され、裁判の結果、絞首刑になったのは一九四六年九月十三日だった。

このインタビューはすごい。繰り返し問いかけ、ときには詰問になったり、逆になだめる口調になったりするケスラーもすごいが、それに対し、素直に心情を訴え、ときには反発し、ときには秘しておきたいようなことまで語るモニカもすごい。

『SHOAH』というクロード・ランズマンの映画を見たときも、わたしは、彼の相手に迫る姿勢に驚き、わたしにはできない……と思ったのだが、このインタビューでも同じような思いになった。

わたし自身、ホロコーストの生還者《サバイバー》へのインタビューを重ねて本を書いてきた。

初めて生還者《サバイバー》に会ったのは、イスラエルのキブツにある《テレジンの家》博物館の当時館長だったアリサ・シラーと、テレジン収容所に残されていた子どもたちの絵を見つけてプラハに運んだビリー・グロアーだった。彼らの場合は、自分のほうから、テレジン収容所の様子——街ぐるみ収容所になった建物のことや、そこでの生活、労働や食事のこと——特にわたしが聞きたいと思っている子どもたちの絵の教室や、フリードル・ディッカーのことなどを話してくれたので、質問するわたしのほうは割と楽だった。

その翌日、ビリーの紹介で会うことができたディタ・クラウスも、自らわたしを訪ねてきた人だから、積極的に話す意図を持っていることは分かった。だが、先にも書いたように、左腕に残る数字の入れ墨は、わたしを戸惑わせた。見つめることさえできないわたしには、その入れ墨をされたときのことを聞く勇気がなかった。

「細い針のようなもので皮膚を突き刺すのです。痛かったですよ、でも痛いなんて言えない。じっと唇を噛《か》んで見つめていました。刺した後に血が出てきました。そこにインクをたらし込んでいくのです。わたしの番号は《73305》、三つ目の数字のときにインクが途中でなくなってしまって、新しいインク壜《びん》を取り寄せたのね、だから、ほら、今でも半分だけ濃いでしょう」

そんなことを言いながらディタが腕を出して見せてくれたのは、何回目の出会いのときだったか……。

「その後、裸になって髪の毛を剃《そ》られました。今見て分かるように、わたしは黒い髪じゃなかった……あのころ、ユダヤ人は髪の色や目の色が黒いと定義されていたけど、わたしは違っていたわ。

髪の毛だけじゃないのよ、男の人のもみあげや顎髭《あごひげ》も、そして、脇の下や、そのほかの毛、すべて剃り落とされたのよ」

あのとき、テレジンからアウシュヴィッツへ移送されたとき、ディタは十六歳だったはず。「そんな女の子も？」と聞きたいと思った。聞くべきなのかなとも思った。だが聞けなかった。


クロード・ランズマンが来日したとき、ある雑誌の依頼で彼にインタビューをした。なぜ『ＳＨＯＡＨ』を撮ろうと思ったのか、長い時間をかけたカメラを回しながらのインタビューの経緯、特に心に残る関係者は誰だったかなどを聞いた後、わたしは、わたし自身もホロコーストの生還者《サバイバー》へのインタビューをしていることを告げた。そして、わたしには、あなたのような質問はできないと語った。

「もっと核心に迫った質問をしなければ、疑問を疑問のままで終わらせてはいけないと分かっているのですが、相手のつらそうな表情を見ると、いつも、そこで終わらせてしまっています。何度も会って、親しくなっている人に対しても、あなたの何十分の一くらいのことしか聞き出せずにいます」

「それでいいと思いますよ、あなたにはあなたのやり方がある。あなたは、その優しさで、彼らと何年にもわたって親しい関係をつくっている、それでいいのです。わたしがインタビューした相手は、もう二度とわたしの顔を見たくないと思っているでしょう……。どちらのやり方もあっていいと思いますよ」

ランズマンの答えは、わたしにとって本当に嬉《うれ》しいものだった。そのとき、『SHOAH』の書籍に、「avec le grand emotion」（大きな感動とともに）とサインしていただいたのは、事実を書き続けようとする、だけど、弱腰にしかなれないわたしには大きな宝物だと思っている。

そんなわたしにとって、モニカ・ゲートに対するケスラーのインタビューは大きな衝撃だった。一方で答えるモニカの強さにも驚いた。

母親イレーネとの葛藤《かっとう》、暴力を伴う争い、そして母親の自殺。モニカ自身も、何回かの結婚に失敗し、精神を病み、ナイジェリア人との間に生まれた肌の黒い娘を捨て（養子に出した）、小説『シンドラーのリスト』に出会い、さらに映画で、母親から聞いていたのとはまったく異なる父親の実像を知った、そのすべてを彼女は語り続けたのだ。それなのに、その本の題名は『それでも私は父を愛さざるをえないのです』なのだ。

「今でもそうなのですか?」というケスラーの問いに、モニカは答える。

「ええ、そうです。父としてです。……彼は一方では収容所司令官、他方では父なのです。……父が犯したこと、それはぞっとするほど恐ろしいことだと私も思います、でも、私はそうしようと決心したのですが、父である彼を憎むことはありません」

この言葉には、モニカの苦渋のようなものも感じられる。だが、「(母にとって)父は素晴らしい恋人だったに違いありません。……父はとても知的で、非常にユーモアにも溢れた人間でした。博識でもありました」という言葉には、母親の思いが乗り移っているかのように思えて恐ろしい。

写真──そのほとんどは、ナチスの制服に身を固めた収容所長時代のものだろう──でしか知らない父親、優しい愛撫をくれたはずのない父親。映画『シンドラーのリスト』で、理由もなくユダヤ人に銃を撃ち、酒を飲んでは手伝いの少女を殴る姿しか見られなかったはずの父親に対して、こんなにも深い愛情を持って語れるのか。

大好きな親を、あるいは子どもを失った後に、その子や、親が、実際の人物像ではなく、その記憶の姿に理想を交《まじ》えて飾り、一つの偶像として語る例はよくある。それは現実としては理解できるのだが、モニカの、愛された記憶もなければ、顔も覚えていないはずの父親アーモン・ゲートの偶像視は、読んでいて、不気味な感じでもあり、ちょっと白けた気分になった。

その本の中で、ケスラーの次の問いは、「あなたのお父さんがどれほど大勢の人を殺害したか、ご存知ですか?」というもので、モニカは、それに対し「数千名だと思います」と答えている。

この二つの質問の間に、何か書かれていない会話があったのかどうかはまったく分からない。だが、文字を追うかぎり、モニカの、父アーモン・ゲートについての答えはいつも、まるで、その場に自分がいて、実際に目にしたものを語るように明瞭なのが、どうにも、わたしの気分を逆なでし、落ち着かない気分にさせた。

『それでも私は父を愛さざるをえないのです』という本のタイトルは、モニカの本当の思いなのか……父と子のつながりって何なのか。読み終わって二か月が過ぎ、三か月が過ぎた今も、わたしの心は落ち着かないままだ。

2 「その後」を生きた人たち

当時、ヨーロッパ各地に、大きなものだけでも九百の収容所があり、すべてにユダヤ人をどう抹殺《まっさつ》しようか考え、実行する所長がいた。指先一本の動きで、貨物列車から降りた人々の生死を分けた男がいた。自分の学問的好奇心から、実験用に人間を使う男がいた。そして、その上に、ヒムラーやゲッペルス、アイヒマンのように、ヒトラーの意思を自らのものとして政策を立て、その実行の指示を出す高官がいた。彼らの子はどうなのだろう。すべての子が、父親の罪が裁かれ、処刑されたのちも、モニカ・ゲートのように「それでも私は……」と父親の姿に憧憬を重ねることができたのだろうか……。

わたしがテレジンの生還者《サバイバー》たちの取材を始めた一九九〇年代はじめごろ、ドイツでは《ネオナチ》と呼ばれる若者の集団が事件を起こしていた。プラハやワルシャワのカフェでも、スキンヘッドの若者をよく見かけた。黒革のジャンパー、ときにはナチスの親衛隊の制服のような茶色い服の腰のあたりに黒いベルトを締めた若者たち、黒いブーツを履《は》いた細く長い脚を組んで、大声で話し合っている若者のグループは、長い被支配の年月を抜け出して、やっと自由を手にした国には似つかわしくない異様なものに見えたのを覚えている。チェコ大使館の方からは、「主に東ドイツの若者です。彼らがどっと国外に出てきています。そして、チェコにも、彼らに同調している若者がいるのです」と注意するようアドバイスを受けたことがあった。

「ナチスの時代を知らない若者たちなのです。戦後二十年も過ぎて生まれた彼らは、自由を知らないで育ちました。学校でも家庭でも、厳しい統制と監視の中で生きてきて、突然、東西ドイツの壁がなくなって、さまざまな情報がいきなり飛び込んできた……別の世界があったのだ、それなのに自分たちは……と気づいたのですよ。豊かな世界が見えたのに、自由を得たはずなのに、それなのに、自分は貧しい、仕事がない、そんな不満を持つ若者たちがヒトラーとどう結びつくのか。もしかすると、あの一九三〇年代と同じような風潮なのではないかと思います」

戦後十五年もの間逃げのびていたアドルフ・アイヒマンが逮捕され、しかも、その裁判がイスラエルで開かれたというニュースは、日本でも大きな話題になった。そのころハンナ・アーレントの本なども読んで知っていたが、その当時のわたしは、ホロコーストに関わる仕事をしようとは思ってもいなかった。

一九九五年、日本にとっての戦後五十周年は、アウシュヴィッツ解放五十周年でもあった。わたし自身は、『写真記録アウシュヴィッツ』の編集過程でニュルンベルク裁判、戦争犯罪のことも調べねばならなかった。大量の資料があった。裁判記録はもちろん、裁判の写真もあれば、当時の裁判官・検察官、そして戦争犯罪人たちの顔写真もある。処刑場に向かう人の写真、処刑を前に自殺したゲーリングの写真もあった。何冊もの本を読み、いくつかの映画を見た。

そして、多くの戦争犯罪人たちのことを知ったのち、彼らの妻は、子どもは、その後どう生きたかが、とても気になるようになった。

それは、テレジンの生還者《サバイバー》の一人ディタから聞かされた息子のことが頭にあったからかもしれない。ディタは、同じテレジンの生還者《サバイバー》であるオットーと結婚し、二人の息子を得ていた。

長男が「病気」だと聞いたのは、一九九一年、日本で『テレジン収容所の幼い画家たち展』を開催していたとき、一週間ほど彼女を日本に招いたのがきっかけだった。それより以前に、わたしはイスラエルで彼女と会い、オットーと二人で暮らすナターニアの家にも招かれ、ともに食事をするほど親しくなっていた。

「日本への旅は本当に楽しく、素晴らしい体験でした。忘れられない思い出になりました」

——帰国後すぐに届いた手紙には、そんなお礼の言葉の後に「でも、わたしの不在でまた長男の病気が悪くなりました」とあった。

「もうずいぶん前から精神を病んでいるのです。家族が長い時間いなくなることが耐えられないのよ。次男がアメリカで結婚するときも、わたしとオットーが行こうと思ったら、あの子の具合が悪くなってね。結局、わたしは行かれなかった……生還者《サバイバー》の子どもによく見られる病気らしいわ」

その後、わたしがイスラエルを訪れたときに、ディタは話してくれた。「幼い子どもたちに、収容所の体験を話してはいなかったわ、あんなひどい話を小さい子どもに聞かせる必要はないと思っていたから。でも、この国に住んでいたら、子どもにも、ホロコーストの事実は分かりますよね。分かっているけれど、親に確認を求められない、知っていることを隠しておきたい、いろいろ葛藤があったのでしょう。親が自分に対し、人生のいちばん大事なことすら隠しているのは、耐えられなかったのでしょうね。いつからか精神的に……。

悲しいけれど、今のわたしにはどうすることもできません」

その後、何度もディタからは手紙が来た。お互いにパソコンを使うようになり、メールのやりとりになったが、時折、長男のことが書かれていた。「具合が悪く入院しています」「ますます悪くなりました、回復の見込みはありません」

そして、昨年、ディタからのメールには「長男が亡くなりました」とあった。「つらい人生にようやくピリオドが打たれました」と。

ディタの長男は収容所生活を知らない。だが、親の傷と同じ、いや、もしかしたら、それより深い傷を心に抱えていたのかもしれない。「父も母も、祖父も祖母も、叔父も叔母も、従弟《いとこ》も、みんな死にました。わたしだけが生き残ったのです。そんなわたしが幸せだとは言えません」日本滞在中に言ったディタの言葉があらためて胸に突き刺さった。

ヘルガの子も、ラーヤの子も、みんな、精神を病むほどに傷を負っているのだろうか。何百万の命を奪ったナチスの罪は大きい。だが、その子どもたちの心に深い傷を残して、今も苦しめている罪はもっと深いと思った。

その罪を犯した人々、加害者の子どもたち、ましてや、当時の親を見て育った子どもたちはどうなのだろうか……。

そんなことを考えていたときに、友人からDVDが送られてきた。「以前、録画しておいたのを思い出しました。ご存じだとは思いますが……」と。

『Hitler's Children』、日本語で『ナチスの罪を背負って』というサブタイトルがついていた。

ヘルマン・ゲーリングの大姪《おおめい》ベッティーナ、ハインリヒ・ヒムラーの同じく大姪カトリン、ルドルフ・ヘスの孫ライネル、ハンス・フランクの息子ニクラス……。

ベッティーナは、「わたしは、ゲーリングの実の娘よりも彼に似ているといわれます、嫌《いや》ですね」と笑った。彼女の祖父の弟が、あの死刑を宣告された直後に服毒自殺を図ったヘルマン・ゲーリング、第一次大戦の英雄として名をはせ、ナチス政権下、権謀術数《けんぼうじゅっすう》で巨額な富を築き、ヒトラーの正式な後継者となった。

「その姓が嫌で、結婚したときは本当にほっとした。でも、離婚したのよ。ほかの姓だったら、離婚したときに旧姓に戻る選択があったでしょうけれど」と言う彼女は、(この番組がつくられた時点で)三十五年前から、アメリカのニューメキシコ州に住んでいる。

「ドイツには住みたくない」と言うが、ドイツは好きだとも語る。

「ドイツ＝ナチではない、ナチの統治は十二年なのよ。ほかの時代のドイツには素晴らしい文化があるわ、音楽も文学も」

時折、自宅に友人たちを招いてドイツ料理をふるまう。そんなときにはドイツの歌が出る。彼女の背後にある本棚には、ドイツ語の背文字の本があるのも見えた。彼女から故国を奪ったのは誰なのだろう……と思う。

ベッティーナは、兄と二人で話し合い不妊手術をしたと言う。「ゲーリングの血は絶やすべきだと思うから」

以前、『ヒトラーの子供たち』という本（ジェラルド・L．ポスナー著、新庄哲夫訳、ほるぷ出版）で、ゲーリングが溺愛《できあい》していたという一人娘エッダのことを読んだことがある。エッダはベッティーナの従伯母にあたる。ヒトラーが名づけ親になり、「小さなプリンセス」として贅沢に甘やかされて暮らしていたエッダは、本人いわく「正真正銘のドイツの英雄だった」父親が逮捕されたとき七歳だった。その本の中で、彼女は、当時住んでいた巨大な城館、父親がヨーロッパ中から強奪してきたはずの美術品や装飾彫刻の家具、宝石などの財産を「政府に奪われた」と不満げに語っていた。

その取材時、五十一歳になっていたエッダは言ったという。

「わたしはとても父を愛してるの。他の見方で父を裁こうなんてつもりはさらさらないわ。わたしには、いい父だった……」

「（アメリカへ）行きたいなんて、これっぽっちも思ってないわ」と言うエッダは、ベッティーナと会ったことがあるのだろうか。ベッティーナが不妊手術をしていることを知っているのだろうか……。

DVDには、同じ本で知っていたニクラス・フランクも登場していた。

ヒトラー政権下でポーランド総督の地位にあったハンス・フランクは、ニュルンベルク裁判で死刑判決を受け、一九四六年十月十六日、ゲーリングが自ら命を絶った翌日に絞首刑になった。そのとき、五人きょうだいの末っ子だったニクラスは七歳、長兄のノーマンは十七歳、ラジオのニュースで処刑を知らされたとき、長兄ノーマンは泣き、ニクラスは泣かなかったという。

この兄弟の違いは面白い。五一年にアルゼンチンに渡った兄（五五年にドイツに帰国）は「総督の息子であることは不利だった」と言い、弟は「ゲッペルスやゲーリングの子どもほど有名でないとしても、父の地位からすれば、少なくとも幼い日々、その息子であることは有利だった」と言う。

弟ニクラスは、何が父を犯罪に向かわせたかが知りたくて、多くの書類や出版物を読み漁《あさ》り、同僚だった生存者に会って話を聞き、『わが父　ひとつの精算』という本を書いた。父への嫌悪感があからさま過ぎると批判を浴びるような本だった。「おっちょこちょい」で「ぼんくら頭」「何でもやりかねない哀れな男」と書いたのだ。「もし父が生きていたら、尋ねたいことがいっぱいある……なぜ父があんなことをやってのけたのか理解できない」と言う。そして、「僕は父を憎む。僕がどんなに憎んでいるか、みなさんには想像もつかないだろう」と。

一方、ニクラスよりもずっと長い間父親ハンス・フランクとともに暮らし、専用列車でポーランドを旅して回るなど、愛情をいっぱい受けた記憶を持っているノーマンは、「深く父を愛していた。今も愛している……だから、アウシュヴィッツの写真を見たときの当惑は大きかった。

『ヒトラーの子供たち』によれば、「妻、エリザベートは語る。『ノーマンは父親のことを思い出してよく泣きます……父親があんなことをやったあとで、自分が幸福になれる権利はないと夫は思ってるんです』」

DVDには、ノーマンは出演していない。年老いて、自ら父親を書いた本の朗読会を続けているニクラスだけが、「ドイツ人を信用していない、また同じことをする」と語るのだ。

そんなニクラスには娘がいる。一方、ノーマンは、ベッティーナと同様、「フランク家は存続すべきじゃないと思うから」と子どもを持たない決心をしていたのだという。

ノーマンの妹で、ニクラスの姉であるブリギッテは、父親が処刑された年齢四十六歳になったとき、自ら死を選んだ。ふだんから「父親より長生きするつもりはない」と周囲に話していたのだそうだ。

アウシュヴィッツ収容所長ルドルフ・ヘスの孫、ライネル・ヘスのエピソードもすごかった。

以前、ヘスの息子（ライネルの父親ヴォルフ）が、今もアウシュヴィッツに残るヘスの家に行って、父親のことを話す番組を見たことがあった。彼は「この庭のプールで遊んでいたけれど、あそこで大勢の人が殺されているなんて知らなかった」と語っていた。

その家は、今もアウシュヴィッツにある。ガス室からそう遠くはない。あの焼却炉の煙突からは、毎日朝から晩まで休むことなく黒い臭い煙が吐き出されていたはずなのだ。ときには、煙の多さで空が見えず、昼間でも薄暗かったというではないか。それなのに、どうして気づかずにいられたのか……と、わたしは、あそこへ行くたびに思い出していたが、今回のDVDに出演しているのは、ヘスの孫である。

彼もまた、アウシュヴィッツを訪ねて行く。ホロコーストの生還者《サバイバー》の孫であるジャーナリスト、エラルド・ベックと一緒だ。出発前に、彼らは、博物館で多くの写真を見る。庭のプール、滑《すべ》り台、そこで遊んでいるのは子どもたちだけではない、その家の主であるルドルフ・ヘスの姿もある。何も知らずに見たら、幸せな家族のスナップだろう。あの中に、彼の父親ヴォルフがいるのか。

彼らは、夜行列車に揺られ、灰色の雲が重く垂《た》れる朝、オシビエンティムの駅に降り立つ。そこから歩いて行くのだ。

今も当時のままに残る収容所長宅に入り、写真では、水着姿の子どもたちが遊んでいた庭へ出る。そこからは、あの焼却炉の煙突が見える。当時は高圧電流が流れていた有刺鉄線も、その向こうの高い塀も見える。

「父は、ここで煙や匂いの中で暮らしていたのだろうか……」とライネルはつぶやくが、ベックは黙ったままだ。

場面が変わると、高校生のグループの前で話をしているライネル・ヘスの姿だ。話し終わって質問を受ける。手を挙げて立ち上がる少女。

「あなたの祖父は、人を拷問《ごうもん》し殺した」そこまで言って言葉に詰まる。顔を歪《ゆが》め、言葉を絞り出そうとするができないのだ。「すみません」と俯《うつむ》き、必死で顔を上げ語り出す。

「あなたの祖父は、わたしの家族を殺した」と言ってふたたび泣き出す少女、同じように顔を歪め、「申し訳ありません」と頭を下げるライネル、見守るようにそばに立つベック……わたしは、初めてあそこを訪れたときの、あのどうしようもない感情、誰に、どうぶつけたらいいのか分からない、怒りや恐怖や不安や怯《おび》えやさまざまな思いが混じり合った、あの日のことを思い出した。わたしはただの見学者だった。被害者の側でもなければ、加害者でもない。それでも、あんな複雑な思いで言葉を失っていたのだ。だが、彼らは、加害者の孫と、親族を失くした人なのだ。どんな感情を噛みしめているのだろう……。

画面は変わっていた。会合が終わり、若者たちが席を立ち始めている中で、一人の老人がライネルの前に出て来る。「わたしはここにいた。生き残って、今は、ここへ来る人たちに話をしている」と言うのだ。

「君じゃない、君はここにはいなかったのだ」彼は、かつて自分たちの生死を握り、理由もなく罵《ののし》り、殴ったり蹴ったりする横暴な人たちの頂点に立っていた男の孫に優しく声をかけたのだ。抱き合う二人の姿が映った。

そして、「家族を殺された」と言った少女も、その孫と肩を抱き合った。二人とも泣いていた。少女は首からネックレスを外し、ライネルの手に渡した。


「ホロコーストには、ハッピーエンドはないと思う」

車に乗って、ベックが語り始めた。ジャーナリストとして、ヘスの孫を取材しているが、彼もまた、さっきの少女と同じように生還者《サバイバー》の一人なのだ。

「ハッピーエンドはない。でも、あの少女は、君から『すまない』と言われ、君の涙を見て、とりあえず、一つのけじめはついたのだと思う。会えてよかったのだよ」

彼自身のけじめはついているのだろうか……？　ついていないのだろうと思う。ついていない、どうやったら、つけられるのか、彼自身がそれを知りたくて、ライネルとともにここへ来たのではないだろうか。いつか、けじめはつけるしかないのだ、だから、自分はともかく、あの高校生の少女が、もしかしてけじめをつけられたらいいなと思ったのかもしれない。そう、もう七十年以上が過ぎたのだから、孫やひ孫の時代になっているのだから、あんな無垢《むく》な少女がいつまでも憎しみの気持ちを持ち続けるのではなく、ライネルのつらさを認めて抱き合うことができたのだから、これでよかったと思ったのだろう。わたしは、画面に映る髭面《ひげづら》のベックを見ていた。どこかでけじめをつけなければならない……でも、俺は……。

彼は今、苦しんでいるのかもしれないなと思った。

そう思いながら、わたしの脳裏には、あの冬の日のアウシュヴィッツの光景が浮かんでいた。

二〇一五年の一月二十七日、解放七十周年の記念日。

会場に集まった生還者《サバイバー》の多くが、あの「縞《しま》模様のパジャマのような」と言われた青い縞模様の服を着、帽子をかぶっていた。

なぜなのだろう……わたしには理解できなかった。見るのも嫌、思い出すのも嫌な制服ではないのか……。それを着た人たちだけが分かり合える何かがあるのか、手を取り合えるのか。

「けじめをつける」という言葉が、なぜか、あの制服を身につけて集まってくる人たちの姿と一緒になって、わたしにとってまた一つの宿題として残されたような気がした。

3　ディタのメッセージ

数日前が七十五回目の解放記念日だった。日本の新聞各紙にも、大きく記事が載った。『読売新聞』には、九十五歳、ハンガリー生まれで今はイスラエルに住む女性の記事が載っていた。写真に「エルサレムで」とあるのを見ると、記念式典に出席した人ではないようだったが、その短い記事が、わたしの胸には強く響いた。

「今も罪悪感にさいなまれる」というのだ。「わたしだけ幸せになっていいのかと、年をとるごとにつらくなる」と。

かつて、やはりイスラエルに住むディタも同じことを言った。東北地方が大きな地震に襲われ、津波によりたくさんの命が奪われた直後のことだった。世界中にニュースが伝わって、はじめは「日本は大変なことになっているようだから、イスラエルにいらっしゃい」という見舞いと誘いのメールだった。

「我が家のあたりは、とりあえず大丈夫だから」と返事を出したが、二度、三度、「生活も大変でしょう、何日でも滞在できるから……」という申し出が重なり、そのうちに「今、あなたに話しておきたいことがあるのよ。会いに来てほしい」という文章に変わり、しかも「イスラエルまでは大変なら、プラハで会いましょう」に変わった。

話したいことがあると言われれば、行かないわけにはいかない。

プラハで会ったディタが語ったのは、テレビに映る日本の子どもたち、避難所で元気に駆け回り、テレビカメラに向かって笑顔で答えている子どもたちのことだった。

「元気にしているように見えたわ。テレビでは、親やきょうだいを失っても、子どもたちは明るく元気ですと言っていた……でも、違うの、わたしは同じ経験をしているから分かるのよ。今はまだ緊張状態が続いているから、あまり感情が表れないのだけど、これから数か月して、落ち着いた生活に戻ったころ、いろいろ問題が起こるわ。親しい人を失った悲しみや苦痛に襲われるのは、これからなのよ、それを分かって支えてあげる人がいないと……」と言うのだ。

大切な人、身近な人がいなくなったという喪失感、悲しみ……彼女はいったい何度それを経験したのだろう。

ユダヤ人だからという、ただそれだけの理由で友だちと別れ、隣人からそっぽを向かれ、祖父や祖母と別れてテレジンへ送られ、その入り口で父や母と別れ……《子どもの家》で三段ベッドに重なり合うようにして寝ていた仲間を失い、思いがけず再会した父親はアウシュヴィッツで亡くなり、母親は、ベルゲン・ベルゼン収容所で解放の日を迎えたのちに亡くなった……。そんなディタの言葉は重かった。

「いちばんつらかったのは、生き残った後だったわ。知り合いに会うと、『あなたは生き残れたのね、よかったわ』と言われる、それはいいのよ。その後に必ず『あのかわいかった○○ちゃんは亡くなった』『ほら、あの優等生だった○○さんは帰ってこないわ』と続くの……。それがいちばん嫌だったわ。あのかわいい子、成績のよかった子が生き残ったほうがよかったのにと言われているような気がした。わたしが生き残ってはいけなかったのじゃないかって、罪悪感のような気分に、何度襲われたか……。

わたしは『千の幸運と、千の偶然に恵まれて生き残った』と思っているけれど、それでも、本当は生き残るはずじゃなかったのに……と思えてしまって、つらかったわ。考えたら、生き残ったことを喜んだことはないような気がするの。喜び合える人はいなかったし……」

だからこそ、日本のあの子たちに伝えてほしい、とディタは語った。「生き残って、よかったのよ。生きていくのは、つらくても、やっぱり幸せなことなのよ」と。

ディタ・クラウス（右）と筆者。「生きていくのは、つらくても、
やっぱり幸せなこと」とディタは語った（2011年、プラハ滞
在中のディタのアパートにて）

終章

そして、今……

昨年（二〇一九年）三月、二十人の仲間とともにテレジン、アウシュヴィッツを訪れた旅の帰途、ワルシャワのショパン空港で搭乗を待っているときに、参加者唯一の大学生Sさんが、スマホを片手に走ってきた。

「Tクリニックの院長が、アウシュヴィッツでの大量殺戮《さつりく》はなかったと言って、ポーランドから非難されたというニュースが流れています」というのだ。

「ドイツでは、あの事実を否定するような発言は、犯罪になるのですよね？

T院長は、何のためにそんなことを言ったのでしょう？」

Sさんは、憤懣《ふんまん》やるかたなしという様子だ。

「だって、ぼくたちは、あそこのガス室や焼却炉を見て来たのに」

わたしは、彼に『否定と肯定』というデボラ・E・リップシュタットの本と映画があることを話した。

もともとナチスに寄った内容の著書を多く出しているイギリスの歴史学者デイヴィッド・アーヴィングが、リップシュタットの著書の中で「ホロコースト否定論者」と書かれたのが名誉棄損に当たると訴訟を起こした、その裁判の経緯を描いたものだ。

リップシュタットはユダヤ人だが、アメリカ生まれのアメリカ育ち、「ホロコースト生存者を親に持つ者」ではない。だからこそ、学術的な視点を失わずにユダヤ史を学び、ホロコーストに学問として取り組んでいることで評価され、信頼されてきた女性だ。

「リップシュタットは、この裁判のための弁護団の人たちと一緒に、わたしたちが歩いたクラクフの街、あのゲットー跡やカジミエージュを歩いたのよ。そして、アウシュヴィッツ、ビルケナウへ行ったときのことなどを書いてあるわ。裁判のプロセスも論争もとても興味深いけれど、今、まだ記憶が鮮明なうちに、その部分を読んでみるといいわ」

わたしはSさんに、『否定と肯定』を読み映画を見るようにすすめ、映画の中でとても心に残ったシーンのことを話した。

それは、裁判の傍聴者らしい老女が、リップシュタットに腕の入れ墨を見せるシーンだ。

「勝って」と老女は祈るように言う。

あれは、何年前のことだったたか、日本で「ナチ『ガス室』はなかった」という文章が雑誌に掲載される事件があった。「マルコポーロ事件」と呼ばれるものだ。

病院に勤務するNという医師の署名入り原稿で、アウシュヴィッツを訪ねて、ガス室といわれるものを見てきたが、あれは、当時のナチス・ドイツがつくった施設ではないというものだった。あれは、戦後になって、ポーランドかソ連がつくったものであり、あそこで大量虐殺《ぎゃくさつ》はなかった。多くの人が死んだとしても、それは赤痢《せきり》によるものであり、そもそもナチスの《ユダヤ人問題の最終解決》は、ドイツから追放するという政策であって、殺戮ではなかったと主張したのだ。

ショックだった。イスラエルで会ったディタ・クラウスの、イェフダ・バコンの腕に残っていた――わたしが直視することを躊躇《ためら》わずにいられなかった――あの数字の入れ墨は、何だというのだ。

あのビルケナウで、タクシーの運転手が抜き取って見せてくれた、小さな草の根についていた白い骨片《こっぺん》は、何だというのだ。

その記事を読んだ翌日、すでに、東京にあるイスラエル大使館はもちろん、アメリカのユダヤ人団体などから非難が出たと、新聞各紙は取り上げていたが、そんな中、わたしはチェコ国立歌劇団の東京公演に招かれていた。

開演前に記者会見があるというので、そこにも出席した。会見のはじめに歌劇団の日本公演の説明があったのかどうかは、今は記憶にない。覚えているのは、歌劇団代表と紹介された女性が、日本で公演できることが嬉《うれ》しいという挨拶《あいさつ》に続けて口にした「日本でとんでもない事件が起きています。わたしは大変なショックを受けていますが、世界中で同じ思いでいる人がたくさんいます」という言葉だ。

「わたしには祖父母がいません。叔父や叔母もいない、従弟《いとこ》もいないのです。子どものころ、周りの友だちはクリスマスや誕生日にたくさんのプレゼントが届くのに、なぜ、わたしには届かないのか、いつも寂しく思っていました。

大人になってから、両親からアウシュヴィッツのことを聞きました。

もし、ガス室がなかった、あそこで大量殺人はなかったと言うのなら、教えてください。わたしの両親の父や母、きょうだいたちはどこへ行ったのですか。神隠しにでもあったのですか」

彼女の頰《ほお》が紅潮していたことをはっきり覚えている。

わたしはその後、ある新聞に頼まれて原稿を書いた。

「言葉を詰まらせながら、父親の餓死、母親の解放直後の死を語ってくれたディタを嘘《うそ》つきだと言うのか。ガス室から出た大量の死体の山の中から父親の遺体を見つけたと語ってくれたイェフダは、作り話をしたと言うのか……わたしは、彼らが、思い出したくもない事実を一生懸命に語ってくれたから、それを知ったから伝えなければならないと、子どもたちに伝えてきたのに、彼らの悲しみや苦しみを知らない日本人がその事実を否定するのか……」と。

結局、『マルコポーロ』は廃刊になり、確か編集長の解任と、出版元の社長の辞任で事件は終わったことになったのだった。それが、今また、出てくるのか。

言論の自由は大事だ。誰もが書き、語ることができるのは素晴らしいことだと思う。だが、無責任な発言は困る。

戦争の記憶は風化しつつある、とよく言われる。日本がアメリカと戦争をしていたと話すと、生徒がいっせいに「ウソ〜ッ！」と叫んだと、小学校の教師をしている友人から聞いた。知らないから、嘘でも、根拠のないことでも、よいと思えば信じてしまう。SNS

での一言が大いに拡散してしまう時代、恐ろしいなと思う。

幸い（?）T院長の発言は、さほど大きな影響力がなかったためか、『マルコポーロ』のときのような騒ぎにはならなかった。T院長がポーランドに謝罪したのか、どう決着したのかは知らぬ間に終わってしまったが、ディタや、ヘルガやイェフダの目に触れなくてよかったと思った。

日本では『否定と肯定』のような論争にはならないだろう。「すぐに忘れられたようですね」一か月後に会ったSさんは言った。

よかったと言うべきなのか、わたしには答えられないのが悲しい。

一九四五年厳寒の一月、ソ連軍の接近を前に、アウシュヴィッツ撤退を決めたナチス・ドイツは、六万六千人に及ぶ収容者を徒歩でドイツへ向け歩かせた。たった一つのパンの塊《かたまり》をもらい、防寒のコートもなく、擦《す》り切れた毛布一枚を持って雪原を行く《死の行進》。途中で力尽きて倒れる人には、とどめの銃弾が撃ち込まれたという。どこまでも続く雪原にたくさんの死体が点々と残されているモノクロの写真がある。

アウシュヴィッツ・ビルケナウ収容所の《死の門》に向けて歩く《生者の行進》（写真：ロイター／アフロ）

アウシュヴィッツを訪れたときに、ある大人数の団体と出会ったことがある。

彼ら、彼女らは、ビルケナウの慰霊碑に向かって歩いていた。その人たちは、《生者の行進》という名の団体なのだと聞いた。過去の事実を忘れないために、今、祖父や祖母を知らずに育った若者たちがイスラエルの国旗を背に、その祖父母が歩いた――いや、無理やりに歩かされ、あるいは倒れた道を歩いているのだ。

犠牲者の遺品を展示する博物館内でも、彼らに会うことがあった。肩を抱き合って泣いている若者たちがいた。解説をするガイドの前ですすり泣いていた少女がいた。

二〇一五年一月二十七日、解放七十周年記念式典に集まっていた多くは高齢者だった。《生者の行進》をする若者たちの祖父や祖母、あるいは曽祖父母か。みな「千の幸運と千の偶然」のおかげで生き残った人たち、彼らも肩を抱き合って泣いていたのを思い出す。

「生き残ったから語らなければならない」

「自分たちが死んだら、事実を語れる人がいなくなってしまうから……」

あの日、あの会場で、わたしだけが、誰の肩も抱くことができなかった。わたしだけが、ともに泣くことができなかった。わたしにできることは、たった一つ、そこで見たこと、知ったことを書き、伝えることだけなのだ。

だからこそ、テレビでよく見かけるTクリニック院長の無責任な発言は許せない思いだった。

わたしは、何度も何度も会って、ようやく生還者《サバイバー》たちの話を聞いた。その言葉を一言ずつ大切に伝えようと努力してきたつもりだ。最初の本を出したときは、万年筆を握って、原稿用紙に向かっていた。二冊目のときは、ワープロという機械を買って使った。万年筆で書いていたときは、線で消し、書き、また線を引き、矢印をつけ、あまりに読みにくくなると新しい原稿用紙に書き直していたのだが、ワープロを使うようになって、最初に書いた文字がなくなってしまうことに気づいた。

さっき書いた言葉は……？　あのほうが正しかったのじゃないか……？　戸惑いながら書き直していたものだ。

あれから三十年近い年月が過ぎた。好きか嫌いかは別にして、今はパソコンで原稿を書くのが当たり前のようになってしまった。書いた文章も写真も小さなメモリースティックに収まってしまうようになった。

万年筆は抽斗《ひきだし》の奥にしまい込み、原稿用紙は手元になくなった。長い時間が過ぎたのだなとしみじみ思う。その間に多くのものが失われた。失われたものに比べたら、新しく生まれたもののほうがずっと多いと言われるだろう。でも、失いたくなかった——失ってはいけないこともたくさんあったはずだ。

書斎に積み上げた段ボール箱が十数個。わたしが、あのテレジンの子どもたちの絵に出会ってから三十年の間に集まった資料だ。これも、ちょっと頑張れば、小さなスティックに収まってしまうのだろう。それは分かっているのだが、でも、捨てられない。この膨大な量が、わたしの歩いてきた三十年の証《あか》しのように思えるから。

二〇一八年、二〇一九年、そして、今年（二〇二〇年）も『テレジン収容所の幼い画家たち展』は続いている。一九年のNHKの番組のおかげで、「ぜひテレジンの子どもたちの絵を見たい」「うちの街でぜひ展覧会を」というメールもたくさんいただいている。講演会のオファーも多い。

今年は、一月のアウシュヴィッツ解放記念日の様子や、参加した生還者《サバイバー》の談話が各新聞紙上で多く見られた。

アウシュヴィッツ・ビルケナウ博物館への訪問者が年々増えていることは、これまでに二十回以上訪れて、自分の目でも気づいているが、当然、現地でお会いする公認ガイドの中谷剛《なかたにたけし》さんからも聞いている。昨年は過去最高の二百三十二万人だったという。

これまでに実感として分かったのは、侵略行為や内戦で世の中が不安定な状況にあった年、世界経済の落ち込みで閉塞感に似たものが世界を覆《おお》っていた年、難民問題などを含め世界的に人種差別の風潮が広がっていた年などに、大きくアウシュヴィッツへの訪問者数が増え、わたしの『テレジン収容所の幼い画家たち展』開催希望が増えていたような気がする。

どこかで、過去の事実をきちんと見直さなければいけないと考える人が多くなるのではないか……と、過去にテレジンを語り合い、アウシュヴィッツを訪ね、イスラエルを訪ねた友人たちと話し合うことが多い。

「こんなひどいことは二度と起こしてはいけないのです」

わたしが会ってきた生還者《サバイバー》の方々はみな同じ言葉を繰り返す。

「だから、語らなければいけないと思っています」と。

今、あの悲劇の舞台となったヨーロッパの国々で、「移民排斥《はいせき》」を旗印とする極右勢力が台頭し、ユダヤ人を狙う暴力事件も各地で起きている。

「自分と異なる人も、みな同じ人間なのです。お互いに理解し合い、一緒に生きていこうとしなければ、また同じ悲劇が起こってしまう。わたしたち生存者が死んでしまった後にも、その教訓が残るように、若い世代に語り継いでおきたいのです」

九十二歳になるヘルガは言った。ディタもイェフダもラーヤも、みな九十歳を越えた。話をしたいけれど、外出がままならないと言う人もいる。

わたしがやってきた仕事は小さい。三十年頑張って続けてきてもまだ、「テレジンなんて知らなかった」「こんなことがあったなんて、初めて知った」と言う人のほうがずっと多いのだ。

わたしは、東京で空襲を体験し、家が焼け落ちるのを見ている。疎開の体験――「疎開者」という言葉による差別や「いじめ」を体験している。何十回も収容所を訪れている。ホロコーストに関する本を読んでいる。生還者《サバイバー》の話を聞いている……でも、それだけでは、あの生還者《サバイバー》たちのつらい体験の何百分の一も追体験したとは言えない。

そう、「あなたには分からない」と言われてしまったら、俯《うつむ》くしかない。

でも、わたしは言いたい。「聞いたことを伝えます」と。

あとがき

新型コロナウイルスの拡大を防ぐため、外出自粛《じしゅく》の日々が、もう五か月も続いている。暇な時間が増えた人々の間では、「終活《しゅうかつ》」に向けての「断捨離《だんしゃり》」が増えていると、新聞やテレビでは報じている。

そうか、こんなときに溜《た》まりに溜まった資料の整理をすればいいのかなとも思うのだが、いざ、抽斗《ひきだし》を開け、段ボール箱を開けてみると、捨てることができない。取材ノート、新聞記事や雑誌のコピーはもちろん、プラハのユダヤ博物館のチケットも、テレジン収容所の地図も、ディタやヘルガからのタイプで打った手紙、ビリーやイェフダからのグリーティング・カード、アウシュヴィッツ解放記念日にクラクフの空港で買った新聞……、『テレジン収容所の幼い画家たち展』開催の各地のポスターやチラシ、新聞記事、会場で集まった夥《おびただ》しい数になるアンケート、何冊かの著書に寄せられた手紙。捨てるどころか、一つ一つ読みふけって数日を過ごし、結局また大切にしまいこんでしまった。その重さが、これからも、わたしの言動を、ときに抑え、ときに鼓舞してくれるはずだから。

三十年の間に、すでに二十五回以上も、プラハ、テレジン、ワルシャワ、クラクフ、アウシュヴィッツを訪ねている。イスラエルへも五回、アンネ・フランクが送られたベステルボルク収容所、彼女が死んだベルゲン・ベルゼン収容所、ワルシャワ・ゲットーにいたコルチャック先生と子どもたちが命を奪われたトレブリンカ収容所、『シンドラーのリスト』で有名になったプワショフ収容所……いろいろ歩いた。

旅は疲れると思うようになった。齢《とし》をとったのだ。それでも、展覧会や講演会で国内のあちらこちら歩いている。わたしの住む川越はもちろん、埼玉県内の熊谷市、さいたま市、桶川市、滑川《なめがわ》町、吉見町、東京は中央・豊島・杉並・練馬各区、町田市や武蔵野市、そして、北九州、福岡、大分、日田《ひた》市、仙台、和歌山、神戸、兵庫県稲美《いなみ》町……。熊谷市は、一九九一年、日本で初めての『テレジン収容所の幼い画家たち展』を開催した同じ会場、同じ主催者での開催だった。

昨年末の河合塾池袋校では、一日の講義の後にもかかわらず大勢の学生、職員が集まってくれ、真剣な質問が出、感想文が集まった。「知る勇気　伝える努力」――わたしが著書にサインするときの言葉だが、それが、若い世代に確実に伝わったと思える嬉《うれ》しい体験だった。

一九八九年テレジンの子どもたちの絵に出会ったとき、フリードル・ディッカーや、コルベ神父、コルチャック先生の存在を知ったとき、胸に突きつけられた鋭い刃をあらためて思い出した。「あなたは、そこにいたら何ができたか」……もっと話さなければいけないのだなと、心に決めたのに、今年三月、四月……十月まで決まっていたいくつもの予定がすべて中止になってしまった。

――ここまで書いてから二か月、人が集まる会合は自粛しなければならない日が、今も続いている。それでも、わたしの住む、川越市では、今コンサートを開こうと準備が進んでいる。一九九六年に、テレジンの子どもたちの絵だけでなく、遺《のこ》された詩にも光を与えたいと翻訳したいくつかの詩に、友人の作曲家が曲をつけ、これも友人の歌手がわたしの講演会の後などに歌ってくれたのが好評で、いつの間にか歌が増え、わたしの作詞も入り、お話でつなぐ形で出来上がったコンサート『テレジン　もう蝶々はいない』。日本全国各地で上演してきた。あのニューヨークの大惨事の日には、チェコ公演に行っていた。プラハに住むヘルガ、ラーヤ、彼女らが誘ってくれたイスラエルのディタ、アメリカに住むヴェラたち、《テレジンの子どもたち》も来てくれた。

「わたしたちは、差別や偏見、憎悪が生んだ悲劇を二度と繰り返してほしくないと伝えたくて、このコンサートをしています。それなのに、まさに差別や偏見からの惨事が起こり、これから憎しみの連鎖がまた始まろうとしています」とわたしは語った。彼女たちが「言葉は分からなかったけれど、わたしたちの思いが語られているのは心に響いた」と、涙を拭《ぬぐ》いながら握手を求めてくれた日のことは忘れられない。

コロナ感染者に対して憎しみの感情をぶつけ、差別的な言葉を発するケースが増えている今、こんなときだからこそ、このコンサート上演は大きな意味があるはず……川越の『テレジンを語りつぐ会』の多くの人が実現に向けて動き出してくださったのだ。ご夫婦で参加の方もいれば、「力仕事には夫を」という協力もある。府中や小金井にも『語りつぐ会』

が生まれ、川越での会合にも参加してくださっている。福岡や仙台、柏の『語りつぐ会』の仲間は、当日の参加を決めているとのことだ。その中には、十年以上前、まだ中学生のときにわたしの本を読み、「フリードル先生になろうと決めた」と言う二人の子のママもいれば、あの東日本大震災の被災地の子どもたちに、テレジンの子どもたちのことを語ろうと絵本をつくった画家もいる。子どもたちに見せたいと紙芝居をつくった人もいれば、それを映像化してくれた人も、新しく人形劇に取り組んでいる人もいる……。

昨年のＮＨＫ教育テレビ「こころの時代」放映はもちろん、今年七月の再放送を見たという方からも、会への協力申し入れがあり、多くの方からカンパもいただいた。

「あなたの『知る勇気　伝える努力』を実行します」と言ってくださる方も多い。こんな時代だからこそテレジンは大事、子どもたちの笑顔や希望を守るために大人が何をすべきかを語らなければ……、今年は駄目でも来年は展覧会をと、動き出している方も多い。

これまで三十年の間に、さまざまな形でテレジンに関わり、心を寄せてくださった方々、今、新たに関わろうと努めてくださっている方々。知ろうと学び始めた若い世代の方々に、心からの感謝を込めて、この一冊をお贈りします。

わたしの「会いたいです」「話を聞かせてください」という不躾《ぶしつけ》な願いに応えてくださった方たち、思い出すのもつらいであろう過去を、しかも英語の会話力が不完全なわたしを相手に、何度も会い、長い時間お話ししてくださった方たち、もっと遡《さかのぼ》れば、何の組織も力も持たなかったわたしの「日本で展覧会を開きたいのです」という望みに、快く応じてくださった関係者の方たち……。もう亡くなった方も含め多くの方に心からの感謝を伝えねばなりません。そして、あらためて「お聞きしたこと、次の世代に伝えます」とお約束したいと思います。本当にありがとうございました。

最後に、長い時間をかけてしまった執筆を常に応援してくださった第三文明社の皆様にお礼を申し上げます。

二〇二〇年八月　終戦の日に

野村路子

【著者略歴】

野村路子（のむら・みちこ）

1937年、東京都生まれ。都立白鷗高校を経て早稲田大学文学部仏文科卒業。コピーライター、タウン誌編集長を経て、ルポルタージュ、エッセーなどを執筆。

89年、テレジンの子どもたちの絵と出会い、その存在を日本で紹介したいとチェコの国立ユダヤ博物館と交渉し、貸し出しを受けて、91年から「テレジン収容所の幼い画家たち展」を主催。生き残った〈テレジンの子どもたち〉へのインタビューを重ね、執筆・講演活動を続けている。

「テレジンを語りつぐ会」代表。

『テレジンの小さな画家たち』で産経児童出版文化賞大賞受賞。

「フリードルとテレジンの小さな画家たち」が2010年から学校図書「みんなと学ぶ国語」（小学校6年教科書）に掲載されている。

日本文藝家協会会員。埼玉文芸家集団役員。


【主な著作】

『くらしの風土記・埼玉』（かや書房、1983年）
『アンネへの手紙――母と娘の東欧紀行』（教育出版センター、1990年）
『15000人のアンネ・フランク』（径書房、1992年）
『テレジンの小さな画家たち』（偕成社、1993年）
『写真記録：アウシュヴィッツ（全6巻）』（ほるぷ出版、1995年）
『子どもたちのアウシュヴィッツ』（第三文明社、1998年）
『フリードル先生とテレジンの子どもたち』（第三文明社、2011年）
『テレジン収容所の小さな画家たち詩人たち』（電子書籍、22世紀アート、2019年）

生還者《サバイバー》たちの声《こえ》を聴《き》いて
——テレジン、アウシュヴィッツを伝《つた》えた30年《ねん》

2020年10月20日　初版第1刷発行

著　者　野村路子《のむらみちこ》

発行者　大島光明
発行所　株式会社　第三文明社
東京都新宿区新宿1-23-5
郵便番号　160-0022
電話番号　03-5269-7144（営業代表）
03-5269-7145（注文専用）
03-5269-7154（編集代表）
振替口座　00150-3-117823
URL　https://www.daisanbunmei.co.jp

印刷・製本　藤原印刷株式会社

ISBN 978-4-476-03396-0